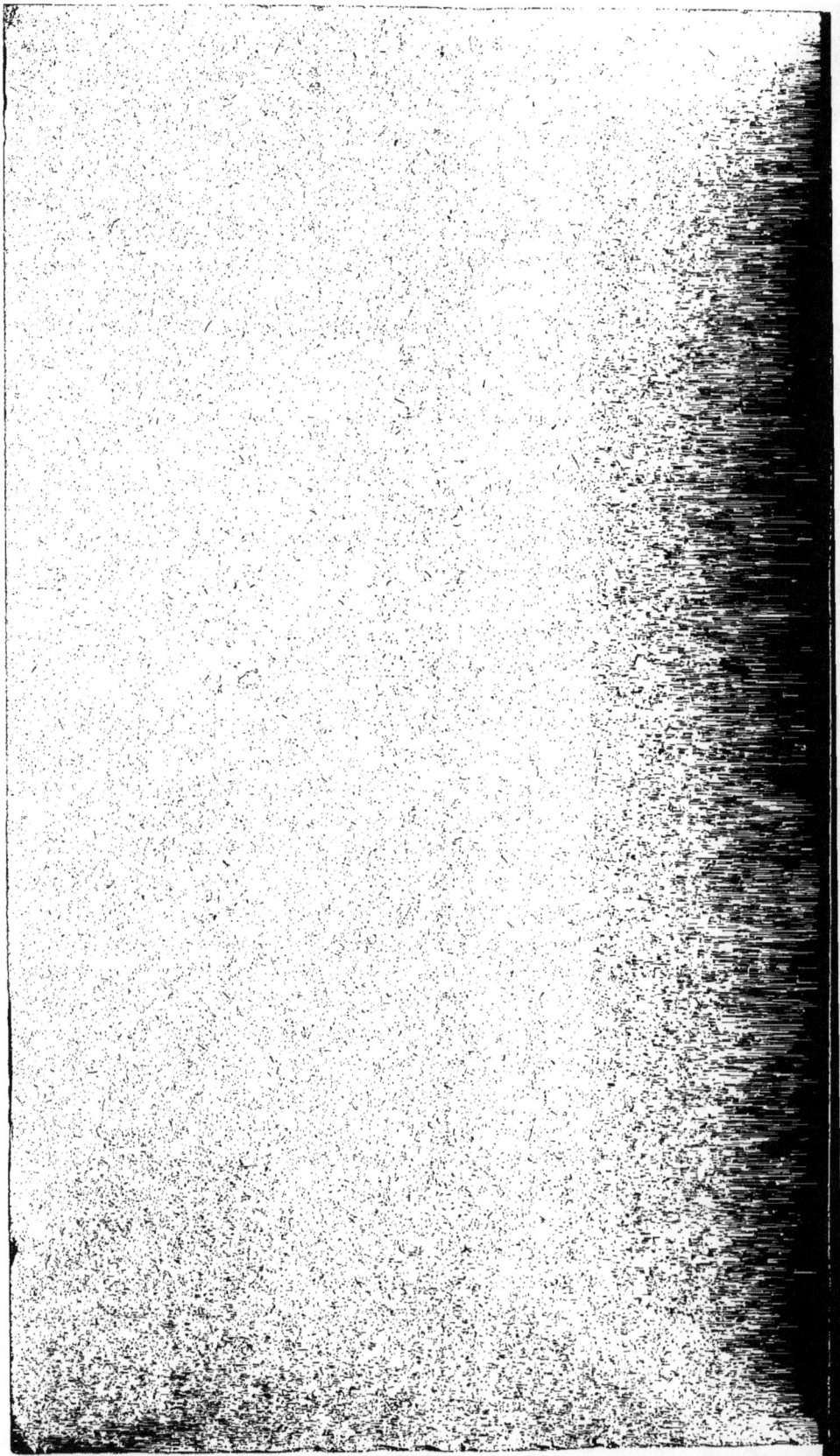

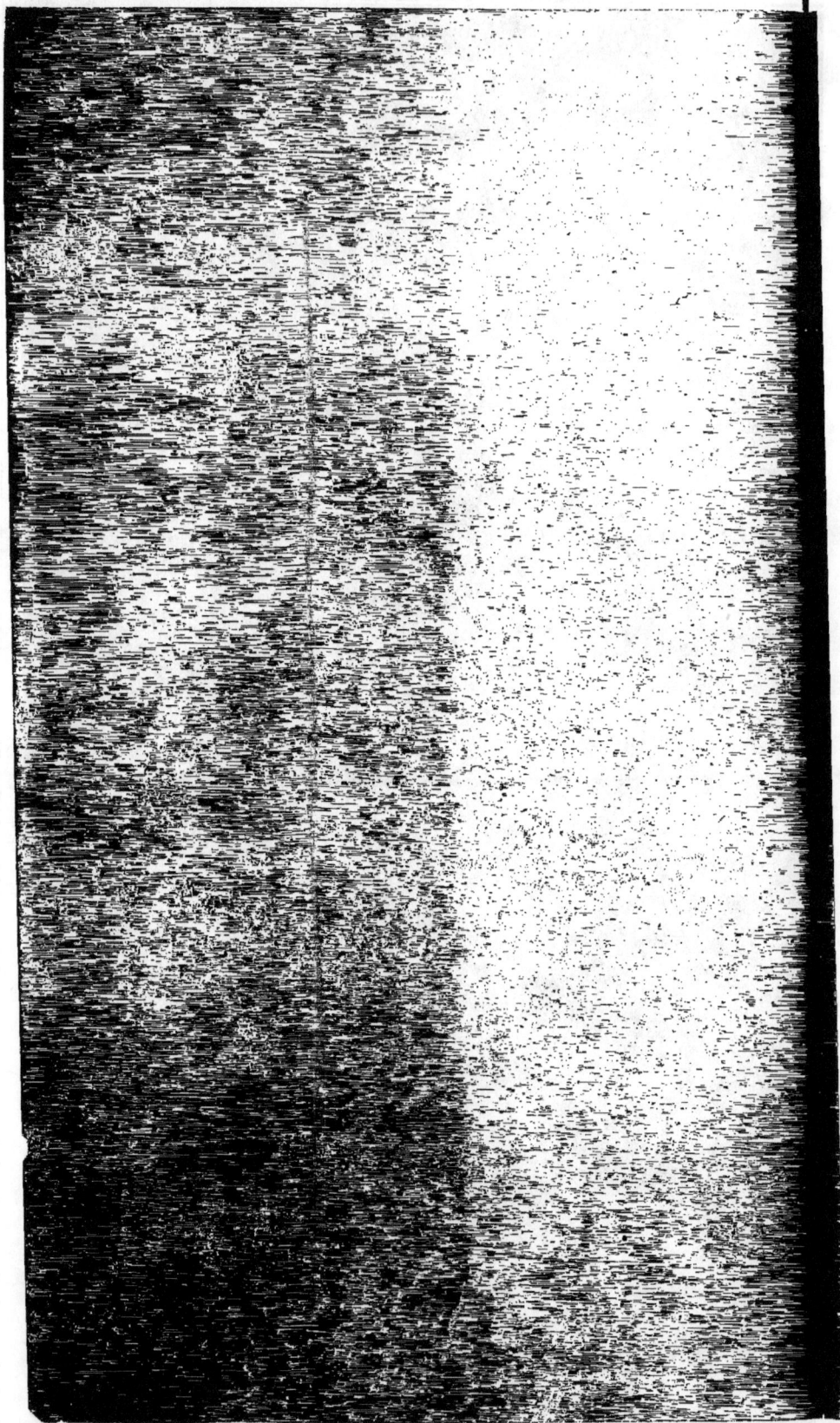

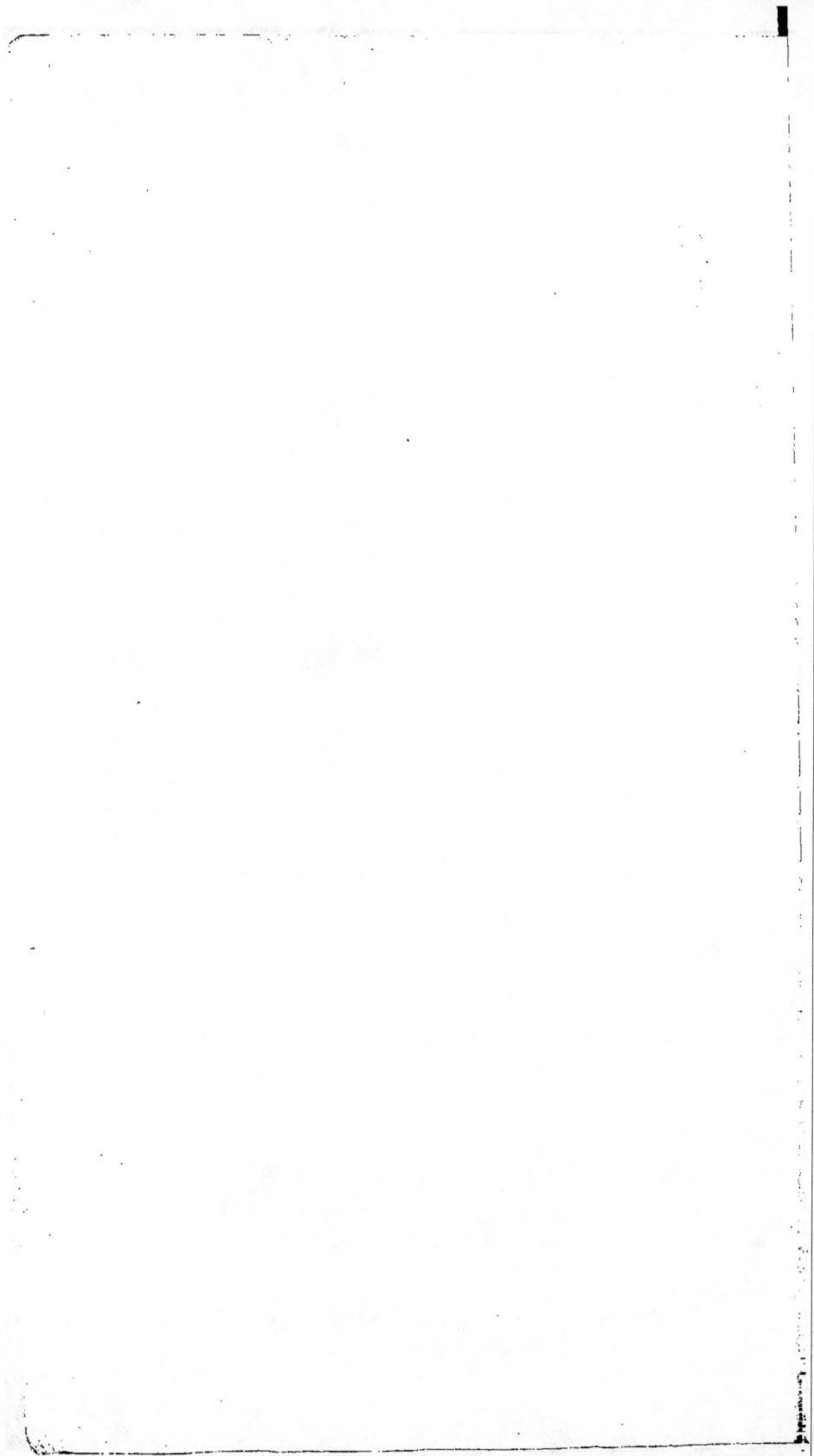

Les Prussiens à Montbéliard

en 1870-1871

JOURNAL DE LOUIS RAY

MONTBÉLIARD

SOCIÉTÉ ANONYME D'IMPRIMERIE MONTBÉLIARDAISE

1910

AVANT-PROPOS

Les lignes qu'on va lire ont une histoire, une toute petite histoire.

La guerre de 1870-1871 fut pour moi de perpétuelles vacances ; dès que les hostilités commencèrent, plus de professeurs, plus de leçons, plus de devoirs. J'ai largement profité de ces loisirs forcés pour regarder ce qui se passait autour de moi.

Toute la journée j'étais dehors avec mes camarades. Le mouvement des troupes nous intéressait. C'était un spectacle nouveau pour nous. Curieusement nous regardions défiler ou s'assembler dans nos rues ou sur nos places les soldats massifs, aux lourdes bottes, qui venaient envahir la France, et parfois nous avions l'audace de questionner les moins rébarbatifs d'entre eux.

Mais plus tard il fut impossible de sortir de chez soi. On se battait devant Montbéliard, puis dans les rues. Je suivis alors les phases de la bataille depuis les mansardes de la maison paternelle, admirablement située pour cela. Aucune construction voisine ne bornait mon horizon : j'ai pu voir ainsi tous les combats qui eurent lieu sur les hauteurs entourant la ville.

Et, chaque soir sur des petits carnets, je consignais mes impressions de la journée, ce que j'avais remarqué dans les rues ou là haut, sous les tuiles, dans mon observatoire.

Ces petits carnets, jaunis maintenant, reposaient depuis quarante ans dans le fond d'un tiroir. Je les livre aujourd'hui au public ni pour faire étalage d'érudition, ni pour faire œuvre littéraire. Je n'ai changé ni une phrase, ni un mot à ce que j'ai écrit autrefois. Mes lecteurs auront donc sous les yeux le journal sincère d'un écolier montbéliardais d'une quinzaine d'années.

Ces notes jetées à la hâte, au jour le jour, rappelleront sans doute aux uns les cruels moments que nous avons vécus ensemble ; elles feront connaître aux autres une des plus tristes pages de notre histoire locale.

Louis RAY,

CAPITAINE D'ARTILLERIE EN RETRAITE.

Montbéliard, le 12 mars 1910.

Les Prussiens à Montbéliard

EN 1870-1871

Au commencement du mois d'août 1870, le capitaine du génie Bassecou était venu à Montbéliard pour organiser la défense de la ville. Tous les propriétaires de chevaux et de voitures avaient été réquisitionnés en ville et dans les environs pour transporter de la terre au château ; le 10 août on commençait les travaux de terrassement pour l'établissement de batteries d'artillerie dans les deux cours du château. J'étais chargé par mon père de noter le nombre de voitures de terre amenées par chaque propriétaire. Le 17 août, un général et six officiers du génie et d'artillerie, venant de Besançon par le premier train du matin, se rendaient directement sur la citadelle pour étudier la position et y établir des travaux de défense. Mais à 10 heures 30 une dépêche télégraphique donnait l'ordre de cesser tous les travaux, ainsi que les projets de fortification, car le 7ᵉ corps d'armée venait de quitter Belfort.

A partir de la fin d'août on commençait à miner les ponts sous la direction du garde du génie Nicolas. Dans les environs, le travail de chargement était fait par un sergent du génie, 4 sapeurs et des ouvriers de mon père que j'accompagnais. Pendant les opérations du chargement du pont du chemin de fer de Dampierre-les-Bois, nous eûmes une grande frayeur en voyant arriver un train à toute vitesse malgré les signaux d'arrêt ; le foyer de la locomotive pouvait mettre le feu à la poudre, mais tout danger avait été écarté par la présence d'esprit du sergent.

La digue du canal à Courcelles fut minée par un détachement de sapeurs-mineurs sous la direction d'un lieutenant du génie.

Novembre 1870

Vendredi 4 novembre. — Le vieux pont de Voujaucourt saute. Le pont du chemin de fer saute également, mais il se produit un raté et le tablier seul est endommagé.

Samedi 5. — A 8 heures 45 du matin, j'arrive avec mon père à l'extrémité de la digue du canal de Courcelles au moment où l'on met le feu aux mines. A 9 heures le cinquième et dernier fourneau de mine fait explosion. Les eaux du canal se déversent alors dans l'Allan par une brèche d'une vingtaine de mètres de longueur. Dans le village des carreaux et des tuiles sont cassés ; une grosse pierre, traversant la toiture d'une maison en construction, tombe jusque dans la cave.

Dimanche 6. — Après-midi, nous allons, mes camarades et moi, voir les Prussiens à Sévenans. La route est coupée avant l'intersection des chemins de Belfort et de Sévenans ; au-delà de cette tranchée, une voiture de charbon couchée à gauche de la route abrite deux hulans à cheval. On entend le canon et une forte fusillade dans la direction de Belfort. Nous causons un instant avec 4 sous-officiers dont 2 parlent assez bien le français ; à ce moment des francs-tireurs embusqués dans un bois à 500 mètres à gauche tirent cinq coups de fusil, et une balle vient traverser la partie supérieure du bonnet d'une vieille femme qui tombe de frayeur près de nous.

A 3 heures 30 le pont du chemin de fer de Voujaucourt saute enfin.

Lundi 7. — La ville est triste. On s'attend à voir arriver les Prussiens d'un moment à l'autre.

Mardi 8. — Vers 7 heures 30, monsieur Colin le casernier du Château vient tout essoufflé dire à la maison que les Prussiens arrivent par la route de Sochaux, et demander de l'aide pour noyer les poudres. Je cours avec lui au Château, et tous deux nous nous mettons bravement à l'ouvrage : au fur et à mesure qu'il défonce les barils et les caisses de poudre, je verse dans chacun un arrosoir d'eau puisée à la fontaine. Le temps presse et nous travaillons ferme ; nous sommes tout en sueur quand nous terminons heureusement cette corvée.

Comme souvenir, j'emporte un bocal rempli de poudre ; je le place dans un sac où le père Colin met également son chat. En passant devant le corps de garde où les Prussiens sont déjà installés, je pince le chat qui miaule et saute dans sa prison : le factionnaire rit et me laisse sortir du Château.

Les Prussiens arrivés en deux colonnes par Sochaux et par Bethoncourt, sont au nombre de 2,000 environ ; il y a de la cavalerie, de l'artillerie et de l'infanterie de la landwehr. Des sous-officiers entrent dans les maisons, visitent les chambres et marquent à la craie sur la porte le nombre d'hommes à loger ; aussitôt après les soldats prennent possession de leur logement.

Peu de temps après l'arrivée de l'ennemi, le tambour de ville Launois prescrit aux gardes nationaux de porter leur fusil à l'hôtel-de-ville ; les habitants détenteurs d'autres armes sont également invités à les rendre. L'après-midi on publie de nouveau qu'il est défendu aux habitants de sortir de ville.

A la tombée de la nuit un grand convoi de réquisition formé d'un troupeau de bœufs et de voitures chargées de farine, d'avoine et de tabac part dans la direction de Sochaux ; ce convoi est escorté par des hulans et par deux pièces d'artillerie.

Mercredi 9. — A 8 heures, départ de l'infanterie landwehr arrivée hier. Un quart d'heure plus tard de nouveaux landwehr arrivent par Bethoncourt. Ceux-ci sont très exigeants ; il leur faut à chacun une livre de viande et un litre de vin par repas, sauf les légumes ; ils débouchent les marmites et forcent les propriétaires à y ajouter de la viande en les menaçant au besoin de leur sabre.

Ils entrent dans les magasins et prennent ce qui leur tombe sous la main ; dans les cafés ils se font servir sans payer et cassent les verres : c'est un véritable pillage. Dans quelques caves ils lâchent le vin ; on en voit même arracher la pipe de la bouche des habitants. Ils enlèvent tout le foin, la paille et l'avoine de la gendarmerie. Ils pillent et ravagent la gare des voyageurs ; ils enlèvent les rails et coupent les fils télégraphiques. Ils s'installent à l'abattoir pour tuer leur bétail. Le soir il arrive un convoi de munitions accompagné par des fantassins ; ceux-ci s'installent dans plusieurs cafés pour couper et distribuer leurs rations de viande. Toutes les rues sont occupées par des postes, et la nuit on n'entend que le bruit des patrouilles.

On dit que dans la nuit, des mobiles embusqués dans le bois de Sainte Suzanne ont tué et blessé quelques Prussiens des postes avancés.

Jeudi 10. — Dès le matin tous les magasins sont fermés ; les rues sont pleines de Prussiens, et à peine voit-on quelques civils consternés. Dans la matinée des soldats entrent dans les fabriques, enfoncent les portes, chassent les ouvriers, et cassent quelques machines.

A 11 heures, revue de la landwehr par les officiers.

A midi, arrivée de 6 pièces de canon et de plusieurs caissons ; les chevaux sont logés dans la gare des voyageurs.

Vers 2 heures on entend la canonnade et la fusillade du côté de Bavans.

De 2 heures 15 à la nuit, de nombreuses troupes de soldats arrivent par Sochaux et repartent sur Bethoncourt.

On amène à l'hospice deux voitures de Prussiens blessés dans le bois de Courcelles par les zouaves. Les réquisitions se font comme les jours précédents. Dix bœufs sont tués à l'abattoir pour l'alimentation de la troupe.

Vendredi 11. — A 6 heures six pièces de canon accompagnées par des hulans et des fantassins montent la Petite Hollande. A 6 heures et demie un détachement de hulans et de fantassins se dirige sur Sainte-Suzanne. A 7 heures un détachement de hulans et de fantassins monte la Petite Hollande. A 7 heures 15 un détachement de hulans et de fantassins monte la route de Dung.

Deux pièces d'artillerie et de l'infanterie attendent sur la place.

A 10 heures du matin, tous sont de retour.

Dans la matinée des Prussiens chargent sur des voitures du blé, de l'avoine, du foin, de la paille et du seigle pris chez les cultivateurs.

A 9 heures l'abbé est fait prisonnier. Tous les magasins sont fermés. Dans l'après-midi les Prussiens prennent possession du temple Saint-Martin et le remplissent de paille, foin, avoine, farine, blé, seigle, pain et viande.

Des villages environnants on amène des voitures de pain.

Tout le bâtiment des Halles est entièrement occupé par ces maudits Allemands, ainsi que la cour des Halles.

Hier soir, un ordre du commandant de place prévient les habitants qu'il est défendu de sortir de la ville sous peine d'être fusillé.

Samedi 12. — Départ des troupes comme hier matin, dans les mêmes directions et aux mêmes heures, chaque détachement étant suivi de plusieurs voitures de réquisition.

Les soldats disent qu'ils vont à la recherche de Garibaldi qui leur a tué deux hulans hier soir.

A 8 heures arrivée de hulans partis hier matin vers 10 heures, et ramenant dix grandes voitures chargées de vivres.

A 3 heures arrivée de hulans venant de Delle et accompagnant plusieurs voitures chargées de butin et de vivres.

A 5 heures 30 du soir, quelques hulans viennent au galop chercher les deux pièces d'artillerie qui restent sur la place Saint-Martin.

Dans la soirée on entend le canon du côté de Bavans et de Lougres. Il n'y a pas de marché aujourd'hui.

Dimanche 13. — Dans la nuit du 12 au 13, des voitures chargées de blessés et de leurs armes traversent la ville. A 6 heures du matin quinze voitures de paysans chargées de butin et de vivres sont amenées sur la place d'Armes.

A 1 heure 30 retour par la route de Dung de toutes les troupes parties hier matin. Ces Prussiens ramènent avec eux douze bœufs, trois vaches et plusieurs voitures de cochons et de moutons : ce convoi accompagné par 1,500 fantassins environ et plusieurs hulans prend la route d'Audincourt. Dix pièces d'artillerie, 1,500 fantassins et 200 hulans environ se dirigent sur Sochaux ; ils sont suivis par tous les hulans qui se trouvent au Château et par plusieurs voitures de vivres. Il reste sur la place d'Armes 600 fantassins environ, quelques hulans et des voitures de vivres. Les fantassins sont exténués et plusieurs chevaux sont boîteux. Les postes en ville existent toujours ; il y a encore quatre pièces d'artillerie dans la cour de la gare et deux pièces d'artillerie dans la cour des Halles.

Le convoi et tous les hommes partis vers une heure et demie dans la direction d'Audincourt, reviennent en chantant à cinq heures du soir et se rendent sur la place Saint-Martin. Là, c'est comme un jour de foire, on entend les cris des

cochons et les beuglements d'une soixantaine de bœufs ;
toutes les voitures de vivres sont déchargées dans le temple
Saint-Martin ; les hommes se reposent pendant quelques
heures et repartent.

Un de ces Prussiens avec lequel je cause sur la place Saint-
Martin, raconte l'histoire suivante : « A trois lieues environ
de Montbéliard, après avoir traversé une petite ville le bataillon arriva sur la place d'un grand village à laquelle aboutis-
saient plusieurs rues ; là, des habitants armés firent feu sur
la troupe sans tuer personne, et le bataillon riposta par une
décharge qui blessa et tua plusieurs habitants. Ce Prussien
fut tellement émotionné par les cris poussés par ces malheureux, qu'il lui fut impossible de tirer, et qu'il ne pût rien
manger de toute la journée. Le village fut ensuite livré au
pillage, et le bataillon ramena bœufs, vaches, moutons,
cochons, paille, foin, avoine, blé, farine et vin, plus 6,000
francs en argent. »

Lundi 14. — On dit que deux hulans ont été tués aux avant-
postes hier soir.

A 7 heures du matin, départ de fantassins.

A la même heure le maire de Montbéliard et les maires
des environs sont conduits par des hulans à La Chapelle près
de Belfort, pour traiter sur les réquisitions.

A midi, arrivée d'une batterie d'artillerie de quatre pièces.

A 2 heures 30 départ de plusieurs voitures dans la direction de Belfort.

A 5 heures arrivée d'une quantité de voitures couvertes
escortées par des hulans et de l'infanterie de l'armée active.

Les magasins continuent à rester fermés. On dit que le
village d'Arbouans a été pillé.

Mardi 15. — A 3 heures du matin, départ de toute l'infanterie.

A 10 heures 30 arrivée de 500 pionniers environ venant
d'Héricourt pour construire des redoutes. Pour la première
fois, nous avons quatre pionniers à loger à la maison. A 3
heures arrivée de troupes d'infanterie.

A 4 heures arrivée de 400 hulans environ.

A 6 heures 30 arrivée d'un bataillon d'infanterie, musique
en tête.

Un ordre du commandant de la place de Montbéliard
prescrit aux habitants d'ouvrir tous les magasins ; cet officier

se dit responsable de tout ce que ses soldats pourraient voler.

Une troupe en armes passait aujourd'hui devant l'usine de la Prairie, quand le jeune Bouvier, ouvrier fabricant, déchargea son pistolet en l'air et le jeta dans l'eau ; les officiers prévinrent aussitôt Monsieur de Chabaud que si dans deux heures le coupable n'était pas trouvé, ils brûleraient sa fabrique ; le propriétaire leur ayant répondu qu'il ne savait pas d'où le coup venait, un groupe d'ouvriers vint le prier de livrer le coupable. Bouvier fut immédiatement emmené par les Prussiens avec trois autres gamins.

Mercredi 16. — A 8 heures il y a sur la place Saint-Martin dix-sept voitures de réquisition chargées de miches de pain. Ce pain, exposé à la pluie depuis hier soir, est tout en bouillie ; des hulans viennent en prendre pour leurs chevaux·

A 8 heures 15 départ d'un bataillon d'infanterie dans la direction de Sainte-Suzanne ; il est suivi par tout un matériel de pionniers. A 8 heures 30 des pionniers avec armes et outils partent dans la même direction.

A 9 heures, les Prussiens font publier de la viande de bœuf au prix de soixante centimes le kilog.

Le temple Saint-Martin ne renferme plus que du pain et du vin.

1 heure. Une ambulance part au grand trot du côté de Sainte-Suzanne.

Pendant toute la matinée il arrive de Sainte-Suzanne des voitures chargées de foin et de paille.

A 6 heures 30, arrivée d'une cinquantaine de voitures de réquisition.

Jeudi 17. — A 7 heures 30, départ de deux bataillons d'infanterie, musique en tête, escortant cent soixante-neuf voitures réquisitionnées tant à Montbéliard que dans les villages environnants, qui vont à Sélestadt chercher du matériel pour le siège de Belfort.

A 8 heures une compagnie de pionniers se rend sur la Citadelle, abat les peupliers de la Miche de pain et la prépare à recevoir des pièces d'artillerie. A la même heure, une autre compagnie de pionniers se rend au Grand-Jardin et creuse des tranchées au-dessus de la propriété de M. Jean Ill. A 8 heures 30, arrivée de deux compagnies d'infanterie landwehr ; après avoir déposé leur sac, leur manteau et leur shako sous les Halles, les hommes partent dans la direction de Sainte-Suzanne avec une autre compagnie qui les attend. A midi, arrivée de 500 fantassins venant d'Arbouans où ils ont pillé le village dit-on. A 1 heure 30, douze voitures chargées de grain et escortées par de l'infanterie, prennent la route d'Héricourt. A 3 heures rentrée des pionniers.

Il ne reste sur la place Saint-Martin que des caissons et une dizaine de voitures.

Vendredi 18. — A 5 heures 30 du matin, on entend une détonation effroyable dans la direction d'Audincourt ; il paraît qu'il y a là beaucoup de soldats français. A 7 heures départ de tous les hulans dans la direction de Belfort.

A 9 heures, départ par la route d'Héricourt d'un bataillon d'infanterie escortant vingt-quatre voitures chargées de grain, quinze voitures de paille, de foin et de viande, cinq bœufs et dix huit voitures vides.

Les pionniers travaillent comme hier et aux mêmes endroits.

Il ne reste en ville qu'une compagnie d'infanterie pour monter la garde. A midi des pionniers commencent à découvrir la maison de M. Pipette Camus adossée aux remparts du Château.

A 4 heures un grand nombre de hulans passent au dessus du côteau Jouvans. A 6 heures la place Saint-Martin est complètement vide. Les Prussiens proposent à M. de Chabaud de relâcher les quatre gamins arrêtés le 15, moyennant une rançon de 15,000 francs.

Samedi 19. — A 8 heures, la place Saint-Martin est encore vide.

Il y a aujourd'hui un bien petit marché.

A 8 heures 30 une compagnie de pionniers commence des retranchements sur la Petite Hollande et sur le côteau Jouvans.

Un détachement de pionniers travaille toujours dans les tranchées de la Citadelle. Un autre détachement fait des terrassements au-dessus du Cimetière. Des pionniers construisent une barricade sur le Grand-Pont. A 10 heures des Prussiens, après avoir cassé et brisé les glaces et les vitres de la Sous-Préfecture, chargent sur des voitures le restant des meubles et les conduisent au Château.

A 3 heures, arrivée d'un grand nombre de hulans ; pour la première fois, le Conseil municipal distribue des billets de logement.

Dimanche 20. — A 8 heures, départ d'un bataillon d'infanterie et de quelques hulans, à la recherche des francs-tireurs. A 3 heures tous les hulans sont réunis sur la place d'Armes ; ils se forment en bandes d'une quinzaine environ et se dirigent de tous les côtés dans la ville.

A 7 heures 15 du soir, les pionniers reçoivent l'ordre de se rassembler sur la place d'où ils partiront, disent-ils, pour se battre.

A 9 heures 15, ils n'étaient pas encore partis. A cette heure-là je me trouvais sur la place avec quelques personnes lorsque je faillis recevoir un coup de sabre d'un hulan en état d'ivresse. Mon voisin Keller a son cigare arraché de la bouche, et reçoit une bonne paire de soufflets.

Lundi 21. — Vers 1 heure du matin nous sommes tous réveillés à la maison par six coups de fusil semblant venir du bout du verger sur la rivière. C'étaient des zouaves qui attaquaient le poste du canal situé dans la maison habitée par M. Piquet, à gauche avant d'arriver au Pont-Levis en sortant de ville. Un Prussien avait été tué et trois autres blessés, dont un par une balle qui lui avait coupé la langue.

A 4 heures on entend encore quelques coups de fusils.

A 5 heures 30, en entend une forte fusillade du côté d'Audincourt ; vers 7 heures la fusillade semble se rapprocher ; à 7 heures 10 elle cesse.

A 7 heures 30, plusieurs Prussiens montent la Petite Hollande.

A 8 heures 5, la fusillade se fait entendre du côté de Voujaucourt.

A 8 heures 20 elle se rapproche. A 8 heures 25 une centaine de hulans arrivent au grand trot par Courcelles et par la Petite Hollande ; une partie se dirige vers Audincourt, mais bientôt elle fait demi-tour et rejoint les autres. Tous rentrent en ville au trot, suivis par une voiture d'ambulance, et ils se dispersent chacun dans leur logement. A 8 heures 45, arrivée par la Petite Hollande d'une demi-compagnie d'infanterie de la landwehr, elle monte au Château. La fusillade cesse.

A 9 heures, deux hulans partent au grand trot du côté d'Audincourt ; un piquet d'infanterie reste en faction près de l'éclusier ; on n'entend plus rien.

A 9 heures 20, rentrée des deux compagnies de pionniers partis hier soir ; ils montent au Château, puis redescendent

dans leur logement pour manger. Pendant toute la durée de
la fusillade, il était défendu de sortir de ville.

A 10 heures 20, les pionniers se préparent à faire sauter
les ponts du chemin de fer et du Grand-Pont. A 1 heure
arrivée de 600 fantassins de l'armée active. A 2 heures 45, les
arbres situés entre le Grand-Pont et les Quatre Voûtes sont
abattus.

A 3 heures 30, les deux arches en bois du Grand-Pont sont
coupées, et l'entrée du côté de la ville est barricadée. A 3
heures 45, une arche du pont du chemin de fer saute ; nous
sommes bien placés, dans la maison en construction de M.
Pitiot Martin pour voir l'explosion ; l'entrée du pont du côté
de la ville est aussi barricadée. Les pionniers barricadent
également avec des tonneaux et des poutres, l'entrée de la
ville vers chez Madame Marti. Vers 5 heures les deux ponts-
levis sur le canal sont sciés.

Pendant l'après-midi, il est arrivé de l'artillerie.

A 8 heures 30 du soir, trois coups de fusil se font entendre
du côté du pont du chemin de fer.

Mardi 22. — A 7 heures 30, départ d'une compagnie de
l'armée active ; elle se forme en tirailleurs dans les vignes
de Rose et sur la route de Dung. A 8 heures, un détachement
de pionniers enlève les planches et les bois de la scierie de
M. Piquet au Canal, et les transporte à l'entrée du Grand-
Pont du côté de la ville. A la même heure un autre détachement se rend à Courcelles et enlève le plancher du pont de
bois sur l'Allan. A 9 heures 30, un grand nombre de voitures de réquisition et de soldats se dirigent du côte de Béthon-
court.

A 10 heures, tous les maires des environs, escortés par des
hulans et des fantassins montent au Château. A 10 heures 30
une centaine de hulans partent en reconnaissance. De 11
heures 30 à midi on entend une forte fusillade du côté de
Voujaucourt. A 1 heure, depuis la gare, nous voyons deux
mobiles descendre d'Audincourt, arriver jusqu'auprès de la
tuilerie de M. Jacot, tirer sur le poste qui est établi au passage à niveau de la route de Sochaux, puis s'en retourner
tranquillement à Audincourt.

A 2 heures, on entend de nouveau la fusillade du côté de
La Roche.

Aujourd'hui, par ordre du commandant de place, il est

défendu de sortir dans les rues sous peine d'être fait prisonnier.

A 4 heures, on entend une vive fusillade sur le côteau Jouvans ; nous voyons des fantassins partir de la Petite Hollande et courir rapidement sur les côteaux Jouvans et de Courcelles ; à 4 heures 15 tout est fini. A 4 heures 30, arrivée de douze pièces de canon ; six pièces sont parquées sur la place Saint-Martin à côté des deux qui s'y trouvent déjà ; les six autres pièces sont montées au Château où il y en a déjà trois. A 5 heures 30 on entend une forte détonation, provenant probablement d'un pont que le génie français fait sauter sur le Doubs.

Mercredi 23. — A 7 heures, départ d'une compagnie de pionniers.

A 7 heures 45, départ de deux canons d'acier et d'une compagnie de landwehr dans la direction de Sainte-Suzanne. A 8 heures, départ de quatre canons de bronze, de trois compagnies de landwehr, d'une compagnie de pionniers, d'une vingtaine de hulans et d'une ambulance ; arrivés au canal ils se séparent en deux bandes, une partie monte la Petite Hollande et l'autre suit le canal vers Courcelles. Près du petit bois du Canal au-dessus de l'écluse, une avant-garde se détache, parcourt ce bois et reste de planton au-dessus sur le côteau Jouvans. A 8 heures 30, une compagnie de l'armée active monte la Petite Hollande. A la même heure on entend une vive fusillade et une forte canonnade du côté d'Audincourt. A 9 heures, une dizaine d'hommes entrent dans leur redoute au-dessus du canal ; la fusillade et la canonnade deviennent plus fortes, et semblent venir d'au-dessus de la maison de M. Girod et de l'écluse de Courcelles. A 9 heures 30 deux hulans arrivent bride abattue par le canal. A 10 heures une compagnie de l'armée active part au pas de course, monte la Petite Hollande et se dirige sur Voujaucourt. Les Prussiens ont deux pièces d'artillerie qui crachent vers Belchamp ; ces deux pièces sont très espacées et l'ambulance est placée entre elles. Je vois très bien tout cela depuis la Citadelle.

A 1 heure 10, deux hulans arrivent au galop par le canal.

A 1 heure 15, la voiture d'ambulance revient, escortée par deux hulans.

A 1 heure 5, arrivée d'un officier du génie et de trois offi-

ciers de hulans suivis par un trompette. A 1 heure 40 on
n'entend plus que quelques coups de canon et de la fusillade ; à la même heure deux pièces d'artillerie reviennent
avec tous les caissons qui étaient partis. A 3 heures, on
n'entend plus rien. A la même heure il arrive des pionniers ;
d'une compagnie, il ne revient qu'une cinquantaine d'hommes sans officiers. Il arrive aussi une compagnie environ de
landwehr n'ayant plus qu'un tambour et un clairon ; un
fusilier porte la canne du tambour major et ils n'ont plus
qu'un seul officier. Il paraît qu'ils ont été battus, car en passant auprès de moi ils faisaient le poing en disant que si
j'avais été là-haut avec eux, je ne serais pas ici sur la place.
Les hulans surtout sont furieux, ils battent les personnes
qui sont en groupe. A 3 heures 15, un caisson de munitions
repart au grand trot A 3 heures 45, le canon recommence à
gronder pis que jamais. A la même heure, un tombereau
chargé de foin et de couvertures, arrive par la Petite Hollande ; probablement ce sont des officiers tués qui y sont
cachés. A 4 heures 30 on n'entend plus rien. A 4 heures 45
arrivée de deux pièces d'artillerie, et d'une compagnie de
landwehr n'ayant plus ni chef ni tambour ; les deux pièces
semblent endommagées. L'autre compagnie de pionniers
revient par Sochaux. Dans la nuit on amène des voitures de
blessés à l'hôpital.

Jeudi 24. — A 7 heures 30 départ sur Dung de plusieurs
compagnies de l'armée active et de la landwehr, de six pièces de canon et de 200 hulans. Ils sont beaucoup plus en
force que hier. On n'entend rien pendant toute la matinée.

A 9 heures 30 des hulans conduisent l'ouvrier plâtrier
Ossely sous les vignes de Rose pour le faire fusiller par le
poste d'infanterie ; il est nu-tête et ses cheveux dressent
comme des baïonnettes. Il a été arrêté hier soir et enfermé
au Château à la place de son beau frère Curie qui s'est sauvé
après avoir tué un hulan à coups de couteau. Les hommes
du poste s'amusent avec Ossely, lui font creuser sa fosse et
font le simulacre de le fusiller ; le pasteur Sahler que ce
malheureux a fait demander pour lui donner les dernières
consolations, fait cesser ces horreurs et se rend ensuite au
Château pour implorer la grâce de cet homme qui n'est pas
coupable.

A 11 heures 30, une cinquantaine de voitures de réquisition

escortées par de l'infanterie de l'active partant pour La Chapelle.

A 2 heures 30, les troupes parties ce matin reviennent avec six pièces de canon, plus deux pièces en acier ; elles sont deux fois plus nombreuses qu'à leur départ, et elles ramènent plusieurs voitures de pain ainsi que trois prisonniers français malades.

A 3 heures, arrivée de quatre compagnies de landwehr venant de Neuf-Brisac. A 5 heures, Ossely est relâché ; ses cheveux sont devenus tout blancs. On assure que, dans la journée d'hier, les Prussiens ont enterré quatre-vingt-trois morts sur les côteaux et ont ramené vingt-six voitures de blessés.

Vendredi 25. — 8 heures 15, départ dans la direction de Sochaux de un colonel, un commandant et un capitaine de hulans escortés par des hulans ; ils sont suivis par une ambulance, plusieurs fourgons, deux forges et deux voitures de réquisition. A 11 heures, enterrement de deux officiers morts à l'hôpital des blessures reçues au combat de mercredi ; le pasteur allemand les accompagne, et une quantité de Prussiens suivent le convoi funèbre. La place Saint-Martin est couverte de voitures de grains et de six pièces de canon avec leurs caissons. La cour des Halles est aussi couverte de voitures. Les chevaux des voitures de réquisition couchent à la belle étoile.

A 3 heures, revue des pionniers sur la place d'Armes par les officiers.

A 4 heures, publication : Vu les désordres commis les jours précédents, le colonel commandant la place de Montbéliard défend aux groupes de plus de deux personnes de circuler entre six heures et neuf heures du soir ; en outre, il défend expressément de sortir après neuf heures du soir. D'ailleurs des patrouilles parcourront les rues à partir de la nuit et s'empareront aussi bien des civils que des militaires ; le bourgeois paisible pourra trouver un appui et un secours en le soldat prussien. A 5 heures, on entend une soixantaine de coups de fusil du côté d'Exincourt-Sochaux. A 5 heures 30, départ de deux pièces d'artillerie pour Sochaux.

Samedi 26. — Vers deux heures du matin on entend quelques coups de fusil ; aussitôt on bat la générale au Château et toute la troupe est sur pied. A 7 heures 30, une compagnie d'infanterie active va renforcer le poste des vignes de Rose.

2

A 7 heures 45, départ d'une compagnie de landwehr et d'une voiture du côté d'Héricourt. A 8 heures, départ pour Sochaux de trois compagnies d'infanterie active, de deux caissons d'artillerie et d'un fourgon. A 8 heures 30, une quarantaine de hulans sont réunis sur la place d'Armes ; à un signal donné, ils se forment en groupes de *deux* et parcourent les rues de la ville : on ne peut pas faire dix pas sans rencontrer une patrouille d'infanterie active de six hommes, ou une patrouille de deux hulans. Les postes sont considérablement renforcés.

A 9 heures 30, une compagnie de l'armée active entoure la Citadelle et se forme en petits postes pour empêcher les civils d'approcher ; quelques instants après une compagnie de pionniers se rend sur la Miche de pain et dans les tranchées pour continuer les travaux. A 9 heures 45, une autre compagnie de pionniers, après avoir enlevé les poutres du Grand-Pont en ne laissant qu'un passage pour les piétons, se rend au Canal pour faire des retranchements. De très grand matin, il est parti plusieurs compagnies de landwehr dans la direction d'Héricourt ; ces derniers doivent être formés des débris de plusieurs régiments, car leurs pattes d'épaule portant le numéro du régiment sont toutes repliées. Il y a toujours six pièces avec les caissons sur la place Saint-Martin. Les pionniers casernés au Château rentrent dans leurs logements en ville ; mais à 2 heures 30 ils reçoivent l'ordre de retourner au Château avec armes et bagages afin de partir pour Belfort ; les Prussiens ont, paraît-il, été repoussés sous Belfort. A 6 heures, la place d'Armes est couverte de nouveaux Prussiens qui arrivent.

Dimanche 27. — A 7 heures 30, départ de la dernière compagnie de pionniers. A 3 heures 30, arrivée de deux caissons d'artillerie. A 6 heures, distribution d'un tombereau de cigares. Tous les soirs on retire les poutres qui permettent de passer sur la partie coupée du Grand-Pont ; on les replace le matin.

Lundi 28. — Au milieu de la nuit les postes de la Citadelle et de Sainte-Suzanne sont enlevés ; le personnel de ces deux postes était nombreux et n'a pas laissé de traces. A 7 heures 15, départ de 1,200 fantassins environ, et de deux pièces d'artillerie avec deux caissons ; ils montent la route de Dung, à la recherche de leurs prisonniers. Il n'y a pas de foire aujourd'hui. Dans l'après-midi on enterre deux officiers Prussiens. On entend le canon du côté d'Arcey. A 4 heures, des fantassins de l'active, accompagnant une voiture chargée de couvertures, se dirigent sur Sainte-Suzanne. Dans la soirée il arrive depuis Arcey des blessés que l'on monte au Château. Toute la journée le canon a ronflé du côté de Belfort ; vers le soir la canonnade est plus vive.

Mardi 29. — A 8 heures 15, départ d'une compagnie de l'active dans la direction de Sochaux. Dans la matinée on entend le canon du côté d'Arcey. Sur la place Saint-Martin il y a toujours quatre pièces d'artillerie avec leurs caissons et des fourgons. Toute la journée le canon a grondé du côté de Belfort. Les Prussiens ont établi une ambulance au Château. Il n'y a plus guère de soldats en ville.

Mercredi 30. — A 11 heures toutes les troupes parties lundi matin pour Arcey, reviennent avec leurs deux pièces de canons. A 11 heures 15, des pionniers s'emparent de toutes les barques sur l'Allan. Ils prennent aussi la nôtre ; ils ont rapidement fait de couper la chaîne de la barque à coups de hache. A 12 heures 30, soixante-deux voitures de blessés venant de Belfort montent au Château. Toute la matinée le canon de Belfort a grondé. A 3 heures, arrivée de quatre compagnies de l'active avec quelques hulans.

Décembre 1870

Jeudi 1er décembre. — Toute la nuit le canon de Belfort a tonné.

A 7 heures 30, deux compagnies de l'active qui ont passé la nuit sur la place d'Armes en cas d'attaque, partent en reconnaissance.

Vendredi 2. — A 7 heures, quinze cents fantassins de l'armée active partent pour Belfort.

A 8 heures, il y a sur la place Saint Martin six pièces de canon avec leurs caissons et fourgons, plus quatre voitures d'ambulance et trois voitures de réquisition ; dans la cour des Halles il y a une vingtaine de voitures de réquisition. Les Prussiens demandent 200 lits pour leurs blessés ; ils ont déjà 42 lits à l'hôpital, sans compter ceux qui sont au Château. Toute la nuit et toute la matinée le canon de Belfort a grondé.

A 12 heures 30, les pompiers et les Prussiens sonnent au feu, mais on n'entend pas la cloche : c'est le magasin à fourrage de M. Chenu près de la gare qui brûle. A 1 heure et demie tout est éteint.

Dans la matinée un hulan a été blessé près d'Audincourt.

A 2 heures, départ pour Audincourt de 120 hulans, de six pièces d'artillerie avec les caissons et d'une compagnie de landwehr qui vient d'arriver de Belfort. Après avoir passé le Canal, les hulans se dispersent en éclaireurs de tous les côtés ; deux pièces montent la Petite Hollande et se placent de façon à tirer sur Belchamp ; les quatre autres pièces prennent la vieille route d'Audincourt et se placent à peu près vis-à-vis des Forges. A 3 heures toutes les pièces commencent à cracher sur Audincourt. Avec quelques personnes j'observe la bataille depuis les vignes de la Citadelle et je suis monté sur un noyer pour mieux voir, quand une balle vient en sifflant couper une branche d'arbre à un mètre de moi ; inutile de dire que nous filons rapidement. Cette balle avait été tirée par un factionnaire placé près de l'octroi du Faubourg.

Les Prussiens tiraillent bien, mais nos mobiles ne leur répondent pas. A 4 heures 30 toutes les troupes reviennent d'Audincourt ; les soldats chantaient en partant, ils sont moins gais à leur retour.

Samedi 3. — Toute la nuit le canon de Belfort a grondé. Aujourd'hui le marché est assez gros.

A 9 heures, départ sur Dung de 200 hulans, de six pièces de canon avec les caissons, de deux compagnies de landwehr, d'une ambulance et d'une voiture de réquisition. A la croisée des routes une vingtaine de fantassins se détachent et vont à Sainte-Suzanne. Les canons ont été chargés sur la place d'Armes avant le départ. Vers 11 heures on entend quelques coups de canon et de fusil du côté de Dung. A 2 heures 30, rentrée de toutes les troupes parties ce matin ; il paraît qu'elles n'ont rien trouvé. A 3 heures 15, grand feu de cheminée à la Sous-Préfecture ; ce feu est mis par les Prussiens qui brûlent des fagots entiers dans une cheminée à la française. Mais tout est bientôt éteint. Toute la journée et surtout l'après-midi le canon de Belfort a ronflé.

Dimanche 4. — Toute la nuit le canon de Belfort a grondé.

A 10 heures, grande distribution et paye de la troupe. A midi, arrivée de deux compagnies de pionniers qui étaient déjà venus. A 2 heures, arrivée de deux compagnies de l'armée active. A 4 heures 15, arrivée de trois compagnies de l'active, musique en tête. A 6 heures, arrivée d'une compagnie de l'active. Toute la journée on a entendu le canon de Belfort.

Lundi 5. — Toute la nuit le canon de Belfort a grondé. Dans la nuit les soldats ont bien circulé. La terre est couverte de neige, et l'Allan est gelée tout au travers.

A 8 heures 15, départ pour Sochaux de quelques hulans et de trois compagnies de l'active. A la même heure, deux compagnies de landwehr forment les faisceaux sur la place ; à 9 heures ils étaient partis.

Toute la journée le canon de Belfort a tonné pis que jamais ; ainsi, dans l'espace de trois minutes j'ai compté quatorze coups de canon.

Les 4 landwehr que nous avions à loger depuis vendredi, sont partis ce matin. Dans la soirée il arrive de nouveaux fantassins de l'armée active.

Mardi 6. — Toute la nuit le canon de Belfort a grondé.

Sur la place Saint-Martin, il y a six pièces de canon avec leurs caissons et fourgons, quatre voitures d'ambulance et les fourgons des pionniers. A 9 heures des pionniers sont réunis sur la place Saint-Martin pour faire l'exercice. Il paraît que les hulans et les trois compagnies de l'active partis hier matin à 8 heures 15 dans la direction de Sochaux ont été vivement attaqués dans le bois d'Etupes ; ils ont eu plusieurs tués et on leur a pris quatorze voitures de vivres. Dans la bagarre un hulan ayant eu son cheval blessé sous lui vint à Etupes, disant qu'il était catholique et que n'ayant plus que dix-neuf jours de service à faire, il priait le pasteur de le cacher ; celui-ci lui donna à manger, mais refusa de le cacher. Depuis lors ce hulan a disparu : des paysans lui ont peut-être donné des habits Informés de cela, les Prussiens cernent Etupes dans la matinée, s'emparent du pasteur et du maire, et les amènent prisonniers au Château, les accusant d'avoir tué ce hulan. Le canon de Belfort a grondé toute la journée ; il cesse vers 3 heures pour reprendre fortement à 7 heures 30 : je compte sept coups à la minute.

Mercredi 7. — A 8 heures 30, départ dans la direction de Sochaux, de cinq compagnies de l'active avec une dizaine de voitures vides ; ils n'oublient pas la voiture chargée de barils d'eau-de-vie pour leur donner du courage.

A 9 heures les pionniers sont réunis comme hier pour faire l'exercice.

Toute la nuit le canon de Belfort a grondé ; il cesse vers 7 heures du matin pour reprendre à 9 heures 15 dans la direction d'Héricourt.

A 2 heures 30, retour des cinq compagnies de l'active parties ce matin.

Ces Prussiens ont été jusqu'à Dampierre-les-Bois et ramènent des voitures de butin et de vivres, plus quatorze hommes d'Etupes pris au hasard à cause de l'escarmouche d'avant-hier. Mais peu de temps après leur arrivée à Montbéliard, ces hommes d'Etupes sont relâchés avec chacun un sauf-conduit ; le pasteur et le maire sont toujours au Château. Il paraît que deux maisons ont été brûlées à Etupes. Toute la journée le canon de Belfort a grondé ; les détonations étaient très fortes et sourdes, et les coups se succédaient si rapidement qu'on aurait dit un tonnerre continuel.

Jeudi 8. — Entre 1 heure 30 et 2 heures du matin, les zouaves attaquent le poste de Sainte-Suzanne.

Les Prussiens battent la générale et ne cessent pas de circuler par le Faubourg. A 7 heures 45, une compagnie de l'active venant de Sainte-Suzanne, monte au Château avec deux zouaves. A 8 heures, une compagnie d'infanterie se rend à Sainte-Suzanne pour faire des perquisitions, car on a trouvé des armes dans une maison. Toute la nuit le canon de Belfort a grondé. Le hulan perdu est revenu hier soir, habillé en paysan ; le maire et le pasteur d'Etupes sont relâchés ce matin. Nous n'avons plus en ville qu'une compagnie de landwehr dont les sacs et les shakos sont déposés sous les Halles ; en revanche, les troupes de l'armée active sont nombreuses. Un laitier venant de Grand-Charmont par la Prairie a vu du sang tout le long du chemin ; ce sang provient de plusieurs voitures de blessés sous Belfort qui ont monté au Château à 5 heures 30 du matin.

A midi et demi, arrivée de cinq compagnies de landwehr ; ils sont tous logés pour deux heures.

A 4 heures, départ de quatre compagnies de l'active dans la direction de Sochaux ; ils vont, paraît-il, remplacer sous Belfort, les landwehr arrivés après-midi. Toute la journée, et surtout vers midi, nous avons entendu des roulades effroyables du canon de Belfort ; ainsi j'en ai compté vingt et un coups dans l'espace d'une minute. Dernièrement dix-huit prisonniers civils des Môles ont été réquisitionnés pour nettoyer les ordures au Château ; ils racontent qu'ils ont vu enterrer des morts dans les terrassements faits par les Français.

Vendredi 9. — C'est à peine si l'on a entendu quelques coups de canon cette nuit. Nous avons de la neige depuis dimanche ; ce matin il y en a trente-cinq centimètres environ. Les communications vont devenir difficiles pour les Prussiens. Les bœufs qui servent de nourriture aux soldats commencent à devenir rares ; hier on a tué un cheval de réquisition pour la troupe. A 4 heures, on placarde l'affiche suivante en allemand et en français : « Quiconque donnera des renseignements, ou aura des confidences avec les Français, sera fusillé par ordre du colonel commandant la Place de Montbéliard ». Des officiers ont visité tous les cafés et ont prévenu les propriétaires que la première personne qui porterait un journal français serait fusillée ; les journaux allemands sont seuls autorisés. Il est probable que les journaux français sont autorisés au café Champneuf qui est spécialement réservé aux officiers Prussiens. Le maire, le pasteur et les quatorze paysans d'Etupes n'ont été relâchés que sous la responsabilité suivante : « Au premier coup de fusil tiré dans les environs, les Prussiens pilleront Etupes et mettront le feu au village ». On n'a pas entendu un seul coup de canon dans la journée, aussi les soldats disent ils que Belfort a capitulé.

A 6 heures, un homme en blouse et portant des galons est conduit au Château : c'est probablement un mobile.

Samedi 10. — Le canon de Belfort a recommencé à gronder hier soir vers 7 heures 30 et a continué toute la nuit. A 1 heure 15, une quarantaine de voitures couvertes venant de Belfort montent au Château ; ces voitures contenant des vivres et des munitions sont escortées par un détachement d'infanterie et sont conduites par des civils allemands.

Au bout d'une heure ces quarante conducteurs, en sabots et en paletot, ayant le vrai type de brigands, sont logés chez l'habitant. A 2 heures, un soldat prussien est exposé sous les Halles, immobile, les mains attachées et levées en l'air ; il est gardé par une sentinelle. A 4 heures, une escorte de hulans monte au Château avec dix neuf bœufs et huit grandes voitures de bois conduites par des paysans. Il y a toujours sur la place Saint-Martin, une batterie d'artillerie de six pièces, les fourgons des pionniers, deux ambulances, et quelques voitures dont une berline.

Dans la journée le canon de Belfort a grondé avec une accalmie de 7 heures 15 à 8 heures 30 du matin ; les coups sont forts vers midi, mais à partir de 2 heures on n'entend plus que quelques coups par-ci par-là.

Dimanche 11. — Belfort a bien tiré toute la nuit, mais les détonations étaient presque imperceptibles.

Le soir tous les postes et avant-postes sont considérablement renforcés, et de nombreuses patrouilles parcourent la ville pendant la nuit. A 8 heures, tous ces hommes de renfort se trouvent réunis sur la place d'Armes, d'où ils se dispersent dans leurs logements.

A 4 heures, départ de deux compagnies d'infanterie et d'une trentaine de hulans du côté de Sochaux. A 5 heures, des francs-tireurs égorgent les deux sentinelles et s'emparent du poste d'Exincourt formé de quinze hommes qu'ils font prisonniers. Le brouillard épais qu'on a eu toute la journée a favorisé nos Français dans ce coup de main qu'ils ont fait à temps, car les deux compagnies parties à 4 heures étaient destinées à renforcer ce poste d'Exincourt pendant la nuit. A 9 heures le canon de Belfort commence à se faire entendre.

Lundi 12. — Vers minuit on entend quelques coups de fusil dans la direction de Courcelles. A 5 heures 15 du matin, trois compagnies d'infanterie, deux pièces d'artillerie et une vingtaine de hulans partent du côté de Sochaux.

Toute la nuit, les soldats et leurs officiers ont été sur pied. A 8 heures tous les hommes de renfort pour les postes se trouvent réunis sur la place d'Armes d'où ils rentrent dans leurs logements. De 9 heures 20 à 9 heures 45, arrivée par détachements d'une soixantaine de fantassins et d'une dizaine de hulans, des troupes parties hier soir à 4 heures pour renforcer le poste d'Exincourt. A 10 heures, retour des trois compagnies d'infanterie et des deux pièces d'artillerie parties à 5 heures 15 du matin ; ils ont été jusqu'au pont de Sochaux qu'ils ont barricadé avec du fumier et des poutres prises aux paysans. La Sous-Préfecture va servir d'ambulance ; le drapeau de la Croix de Genève est déjà placé. Il paraît que les Prussiens ont bien peur d'être attaqués car toutes les entrées de ville sont barricadées et gardées ; ils ont même fait des tranchées dans les vignes en montant sur Allondans.

Dans la matinée il a circulé plusieurs traîneaux remplis de viande, de pain et de tonneaux d'eau-de-vie. A 1 heure, les artilleurs nettoyent leurs six pièces et les pionniers arrangent leurs fourgons sur la place Saint-Martin. Toute la nuit dernière le canon de Belfort a grondé ; on l'a entendu faiblement dans la journée, car le temps est pluvieux. Les seize paysans d'Etupes ont été repris et emmenés à La Chapelle, samedi vers deux heures de l'après-midi ; comme on marchait difficilement à cause de la neige, les Prussiens ont réquisitionné six traîneaux à Vieux-Charmont pour les y conduire. Dans la soirée il arrive une compagnie du génie Wurtembergeois ; les hommes sont logés chez l'habitant.

Mardi 13. — Belfort ne s'est pas fait entendre pendant la nuit.

Le facteur d'Allondans a été arrêté hier soir aux avant-postes et conduit au Château où il a passé la nuit ; on l'a relâché ce matin à 8 heures après lui avoir pris ses lettres. Vers 8 heures 45 une dizaine de pionniers wurtembergeois tout équipés se trouvent sur la place avec une voiture de pelles et de pioches ; un instant après ils montent la rue du Château. Ils sont très bien habillés : une grande capote grise, un pantalon noir avec passe poil rouge, de grandes bottes, et une petite casquette noire bordée de rouge ; comme armes un petit mousqueton à percussion, un sabre-baïonnette et enfin un sac de peau en bandoulière. Ces hommes qui viennent de Dorans vers Belfort, vont repartir, disent-ils, pour activer le siège ; mais auparavant ils entrent chez les épiciers, pharmaciens et droguistes, prennent tout ce qu'ils possèdent en fait de soufre, pétrole, et mèche à mine, et paient avec des bons à toucher.

A 9 heures, trente hommes en armes entrent à la brasserie et s'emparent d'une chaudière qu'ils montent au Château ; ils disent qu'ils vont fabriquer des bombes incendiaires pour bombarder Belfort. A 10 heures, revue par les officiers, des pionniers avec armes et bagages. A 11 heures 30, départ des pionniers Wurtembergeois pour Belfort. Toute la journée le canon de Belfort a grondé.

Mercredi 14. — Hier soir, les Prussiens ont mis l'agent de police Poussière au violon où il a passé la nuit. A 9 heures, départ pour Belfort de deux compagnies de landwehr et des deux compagnies de pionniers ; de 300 pionniers qu'ils étaient en arrivant la première fois à Montbéliard, ils ne repartent aujourd'hui qu'au nombre de 160. A 9 heures 30, un détachement de landwehr enlève la neige à l'emplacement des six pièces d'artillerie et de leurs caissons sur la place Saint-Martin.

Vers 9 heures 30 le canon de Belfort commence à gronder; je ne l'avais pas entendu pendant la nuit. A 10 heures 30, on entend la fusillade du côté d'Exincourt. Le brouillard est toujours assez épais.

A 2 heures, il arrive deux femmes d'Etupes venant de La Chapelle voir leur mari compris dans les seize paysans emmenés au Quartier Général ; il paraît que les Prussiens ont fait venir un pasteur pour les communier, et ces pauvres hommes s'attendent à être fusillés. Dans la journée le chirurgien major prussien vient, au nom de l'humanité, demander des lampes, des chandelles et du linge pour éclairer et panser les blessés qui remplissent l'église, l'école, les maisons et les grandes écuries de Châtenois.

Il paraît que dans la nuit dernière près de Châtenois des troupes de ronde se sont rencontrées, et se prenant pour des ennemis se sont écharpées ; il y a eu plus de 200 blessés.

Jeudi 15. — Vers une heure du matin on entend une fusil-lade assez rapprochée, du côté de Sainte-Suzanne et de Bart. Toute la nuit le canon de Belfort a grondé. A 8 heures, les soldats venant de renforcer les postes, se trouvent réunis, comme précédemment, sur la place d'Armes. A 8 heures 30, promenade des chevaux de l'artillerie et de la cavalerie. A 9 heures, arrivée par détachements de cinq à six hommes d'une compagnie de landwehr qui, un quart d'heure plus tard se trouve réunie sur la place d'Armes et monte la rue des Febvres. Dans la journée un soldat logé chez M. Daugeac au Faubourg a disparu ; on dit qu'il a déserté.

Le colonel qui était logé chez Mme Edouard Sahler, a été blessé par un biscaïen sous Belfort. Hier l'avant-poste de La Roche a été pris par les zouaves. A 5 heures 30, assemblée d'une compagnie de landwehr pour renforcer un poste.

A 9 heures du soir, un détachement prussien amène au Châ-teau vingt-et-un mobiles faits prisonniers dans la sortie de Belfort. Une affiche du général Werder, placardée dans la journée, prescrit aux habitants de nourrir les soldats de pas-sage de la façon suivante : 750 grammes de pain, 500 gram-mes de viande, 250 grammes de lard, 30 grammes de café, 60 grammes de tabac ou 5 cigares, 1/2 litre de vin ou 1 litre de bière ou 1/10 de litre d'eau-de-vie ; 6 kilogrammes d'a-voine, 2 kilogrammes de foin et 1 kilogramme 500 de paille pour les chevaux.

Vendredi 16. — Dans la nuit, le poste Sous les Vignes a totalement disparu ; on dit qu'il est allé se rendre à Voujau-court. Vers une heure du matin, une estaffette vient deman-der du secours pour Belfort. Vers 3 heures on entend plusieurs coups de fusil ; le reste des Prussiens croyant voir arriver les Français battent la générale, font un tapage sans pareil et circulent jusqu'au jour. Trois hulans envoyés de grand matin en reconnaissance du côté de Bart, sont surpris par des mobiles ; vers 8 heures il en rentre deux ramenant le cheval de leur camarade. Depuis hier une bonne partie des soldats sont casernés au Château. La neige a complètement disparu. Un soldat est attaché, les mains en l'air, à un poteau sous les Halles. A 2 heures, les six pièces de canon, les caissons et les fourgons sont conduits au Château ; il ne reste plus que six voitures couvertes sur la place Saint-Martin. Les Prussiens ont peur d'être attaqués. Depuis quelques jours on aperçoit dans la nuit des espèces d'éclairs ; ce sont des fusées éclairantes lancées par Belfort. Le renfort parti ce matin après 1 heure pour Belfort, revient aujourd'hui vers minuit.

Samedi 17. — Les postes sont toujours renforcés pour la nuit ; il y a toujours un va et vient continel de soldats pendant la nuit. Aujourd'hui le marché est assez gros. A 8 heures 30, une reconnaissance de cavalerie revient du côté de Sochaux ; quelques hulans ont été tués et deux chevaux blessés. A 11 heures, départ sur Sochaux d'une centaine de hulans pour venger leurs camarades. Il paraît qu'il va encore arriver des soldats, car on a commandé 1,500 miches de pain. Dans la matinée, on amène de Sochaux des Prussiens blessés. On entend quelques coups de fusil. Vers midi et demi, une canonnade assez vive se fait entendre du côté de Belfort ; un instant après on entend une cloche sonnant à toute volée. A 2 heures 15, la cloche cesse, mais la canonnade continue toujours. A 3 heures 15, arrivée de trois compagnies du 54e régiment de landwehr qui a été massacré dernièrement sous Belfort ; ces soldats qui ont des effets complètement neufs, ne sont autres que des hommes de l'armée active, qui ayant fini leur temps, sont versés dans la landwehr. Leur commandant à cheval, après une courte allocution, leur fait jurer de venger leurs frères du 54e régiment tombés sous Belfort ; ils sont tous logés chez les habitants. A 4 heures, arrivée de deux fourgons de pionniers que l'on met dans la cour des Halles. A 4 heures 30, arrivée d'un détachement des pionniers qui étaient partis mercredi dernier pour Belfort : des 300 hommes du 2e régiment de pionniers il n'en reste qu'une trentaine qui ont réussi à ramener leurs fourgons ; ils sont casernés au Château. Dans la journée deux officiers à cheval vont d'un poste à l'autre pour les visiter. Vers 5 heures, la canonnade semble cesser. Au Château, les canons sont braqués dans plusieurs directions.

A 5 heures 15, on fait la distribution de vivres aux troupes qui viennent d'arriver.

Dimanche 18. — Vers 4 heures du matin, on entend plusieurs coups de fusil dans la direction du canal et de Sainte-Suzanne. Dans la nuit on a amené des voitures de blessés. A 8 heures 45, on entend la fusillade du côté de Bavans. Le canon de Belfort a grondé toute la nuit, mais les détonations étaient faibles car le vent soufflait. Dans plusieurs maisons il y a des soldats qui ne sont pas rentrés ; on croit qu'ils ont été tués. A 10 heures, revue des trois compagnies du 34e landwehr. Les habitants du Canal ne peuvent venir en ville qu'entre 10 heures et 2 heures, car on n'abaisse le pont que pendant cet intervalle. Les voitures et les piétons qui obtiennent des sauf-conduits doivent être rentrés en ville à 5 heures du soir. A partir de 9 heures 1/2 du matin le canon de Belfort a bien grondé ; à 6 heures 15 il a redoublé, les détonations semblaient être très rapprochées. Les gens de la rue du Château voient monter au milieu de la nuit des hommes habillés en villageois qui viennent renseigner les Prussiens.

Lundi 19. — Le canon de Belfort a tellement tonné pendant toute la nuit, que je n'ai pas pu dormir ; à 7 heures du matin les détonations ne sont plus aussi violentes. A 7 heures 30, les Prussiens conduisent au Château quatorze prisonniers des Môles, pour nettoyer leurs ordures. A 8 heures 15, départ d'une compagnie d'infanterie et d'une centaine de hulans par la route de Dung. Dans la matinée, on entend la fusillade du côté de Bart. Sur trois hulans partis en reconnaissance du côté de Bavans, il n'en revient qu'un seul ramenant les chevaux et les armes de ses camarades. Toute la journée le canon de Belfort a grondé.

Mardi 20. — Toute la nuit Belfort s'est fait entendre, mais les détonations étaient très faibles vu la violence du vent. Les postes sont toujours renforcés. A 7 heures 30, les Prussiens conduisent au Château quatorze prisonniers des Môles pour enlever leurs ordures. A 8 heures, rentrée comme d'habitude des troupes qui renforcent les postes. Des officiers ont demandé au Maire de leur prêter le théâtre pour un bal ; celui-ci leur a répondu que, étant les maîtres, ils pouvaient faire comme ils voulaient.

La compagnie et les hulans partis hier ne sont pas encore

revenus. A trois heures une voiture de paille escortée par un hulan et sur laquelle se trouvent quatre fantassins monte le Château, portant le commandant des hulans partis hier, et qui a été tué. Pendant la nuit d'hier, une sentinelle de garde près de quelques voitures, voyant le gaz s'éteindre subitement, courut au poste établi sur la place d'Armes ; les soldats croyant que c'était un signal et que les Français allaient arriver, firent battre la générale ; il y eût un tel tapage, qu'on ne pût dormir. Il n'y a plus rien sur la place Saint-Martin ; toutes les voitures et les fourgons se trouvent dans la cour des Halles. Dans la journée, on n'a entendu que quelques coups de canon isolés.

Mercredi 21. — Vers 3 heures du matin, une vive fusillade se fait entendre du côté de Bavans ; aussitôt les tambours et les clairons parcourent les rues, rappelant les soldats qui ne montent pas la garde. La canonnade de Belfort a recommencé hier soir à 9 heures et a duré toute la nuit ; le ciel était en feu et l'on entendait un tonnerre continuel. A 7 heures 30 du matin le canon gronde toujours ; il cesse complètement à 9 heures. On dit que, aujourd'hui à partir de 11 heures, les femmes et les enfants doivent sortir de Belfort, car le bombardement va commencer très fortement.

Un colonel de hulans a habillé tout à neuf deux mendiantes pour leur Noël. A 10 heures 45 tous les Prussiens qui se trouvent en ville vont communier ; ils sont en grande tenue et ils se rangent sur la place d'Armes, l'armée active est en avant, puis viennent la landwehr, l'artillerie et la cavalerie : à 11 heures, ils entrent à l'église du Faubourg ; ils ont un pasteur à eux et deux de la ville pour les communier. A 12 heures 30 tout est fini. Les catholiques prussiens sont allés hier à la messe.

A 1 heure, trois hulans amènent le maire de Beaucourt au Château ; au bout de quelque temps il est relâché. La compagnie d'infanterie et les hulans partis lundi matin à 8 heures 45 sont à Arcey, où le commandant des hulans a été tué.

A 1 heure 30, il arrive d'Allemagne, quinze voitures chargées de toutes espèces de choses pour les fêtes de Noël ; les conducteurs de ces voitures sont des civils qu'on loge chez les habitants.

De 5 heures 30 à 6 heures on entend le canon de Belfort.

Jeudi 22. — Comme des hulans ont été tués hier entre Bart et Bavans, il est expressément défendu aujourd'hui d'entrer en ville par le Grand-Pont et par Sainte-Suzanne.

Déjà hier, à partir de 3 heures on ne laissait plus personne entrer en ville. Je n'ai pas entendu le canon de Belfort pendant la nuit. A 9 heures, les Prussiens somment la brasserie de leur faire de la bière ; comme il n'y a plus d'orge, ils s'offrent à en faire chercher, mais une voiture conduite par un brasseur part pour Mulhouse d'où on en ramènera certainement.

A 10 heures 45, vingt-cinq voitures couvertes chargées de butin pour les fêtes de Noël, montent au Château escortées par des fantassins.

On parle toujours du bal des officiers ; il paraît que c'est le commandant de place qui l'a mis en train. Dans la journée on entend très bien le canon de Belfort entre 6 heures 30 et 8 heures, entre 10 heures et midi, et de 1 heure jusqu'au soir.

La bise souffle avec force.

Vendredi 23. — Vers 2 heures du matin, on entend une vive fusillade du côté de Bavans.

Pendant la nuit je n'ai entendu que quelques coups de canon de Belfort ; mais de 4 heures à 9 heures du matin il gronde fortement. Dès 9 heures 30 tous les sergents parcourent la ville, et prennent le nom des propriétaires chez lesquels se trouvent leurs hommes. A 10 heures 30, une sixaine de Prussiens venant de la Citadelle sur la voiture de chasse du maire, montent au Château deux beaux grands sapins ; il paraît qu'ils vont faire des arbres de Noël en plusieurs endroits. Hier toute la journée et ce matin on a entendu distinctement la canonnade et la fusillade du côté d'Arcey. Avant-hier, quatre-vingts voitures sont bien venues de la Suisse et y ont emmené des femmes, des vieillards et des enfants de Belfort.

Tout l'après-midi le canon de Belfort a grondé. Dans la journée un colonel du génie Wurtembergeois est venu à Montbéliard acheter des liqueurs, des bonbons, des noix dorées et des bougies pour faire un arbre de Noël sous Belfort.

Les postes sont toujours renforcés.

Samedi 24. — Toute la nuit le canon de Belfort a grondé ; on entendait des décharges de cinq coups à la file, se succédant très rapidement ; cela a duré jusqu'à 5 heures 30 du matin. A 7 heures 30, un détachement amène de Sainte-Suzanne un fantassin français. Aujourd'hui le marché de Noël est assez gros ; on vend quelques poupées.

Plusieurs Prussiens achètent du beurre. La plupart des soldats ont déjà reçu de la maison, des oies, des saucisses, des gâteaux, du sucre, des gouglofs, etc., pour leur Noël. Les quarante voitures en tout qui sont arrivées d'Allemagne, contiennent des choses variées pour le Noël des soldats.

Ces pilleurs-là ont coupé six sapins dans le jardin de M. Rossel à la Citadelle, et quatre au Parc. Les deux tapissiers de la ville sont réquisitionnés pour arranger l'arbre des officiers à l'hôtel de la Balance. Les officiers sont très gais ; les soldats au contraire sont tristes, ils pleurent et jurent après leur Bismarck et notre Napoléon. Il y a un grand mouvement de troupes dans l'après midi : plusieurs compagnies de landwehr partent et sont remplacées par un nombre égal de compagnies plus deux du même régiment.

A la tombée de la nuit, des groupes de soldats circulent dans les rues avec des voitures : ils s'arrêtent devant plusieurs épiceries et achètent des pains de sucre. A 5 heures 30, quelques hommes traînent aux Graviers un cheval crevé qu'ils laissent là sans l'enterrer. A 7 heures, il arrive au Château vingt-deux voitures couvertes, contenant probablement des blessés. A 8 heures, arrivée de soixante-quatre voitures de réquisition qui repartiront demain matin à la première heure.

Toute la journée le canon de Belfort s'est fait entendre.

Ce soir, il y a huit arbres de Noël, à l'hôtel de la Balance, au Château, sur les Halles ; sans compter ceux qui se trouvent dans les postes. Il n'est plus question de leur bal : les officiers en avaient parlé pour effrayer un peu les demoiselles de la ville. A 11 heures du soir on crie au feu au Château ; c'est un simple feu de cheminée qui est heureusement vite éteint. Il a fait bien froid toute la journée.

Dimanche 25. — Toute la nuit le canon de Belfort a tonné. Le jour de Noël se passe avec ces vampires.

La bise est bien forte ; le froid est très vif et le thermomètre marque dix-huit degrés au dessous de zéro ; l'Allan est gelée tout au travers. Aujourd'hui, par exception, on sonne les cloches pour aller à l'Eglise ; l'Eglise allemande est pleine de soldats. Le roi Guillaume offre aujourd'hui le punch et le vin chaud à tous ses soldats.

A 11 heures 15, une quinzaine de voitures à échelles chargées de pain sont réunies sur la place d'Armes. Il y a, paraît-il, depuis le 22 courant environ deux mille hommes à Arcey, infanterie, artillerie et cavalerie ; et depuis qu'ils sont là, il part chaque jour vers midi huit à douze voitures à échelles chargées de pain pour les alimenter. Ces troupes se sont retranchées dans Arcey et ont fait plusieurs redoutes dans les environs.

Tous les dimanches on conduit au Château quinze bœufs pour les Prussiens. Les postes sont toujours renforcés. On n'a rien entendu dans l'après midi, mais à 8 heures 30 le canon de Belfort recommence à tirer.

J'ai vu des Prussiens qui ont dû monter la garde aujourd'hui ; ils étaient tellement fâchés après leur roi, qu'ils s'arrachaient les cheveux et pleuraient.

Lundi 26. — Le canon de Belfort a grondé toute la nuit.

Les dix-huit degrés de froid qu'il faisait ces jours derniers sont tombés ; ce matin la terre est couverte de neige. Hier soir il y avait beaucoup de soldats en état d'ivresse, il y a eu plusieurs disputes ; des Prussiens ivres sont même entrés à la Croix d'Or pendant la réunion évangélique.

La foire est bien petite ; il y a environ une vingtaine de personnes. A 11 heures, départ de dix voitures de pain pour Arcey. Sur quatre hulans partis ce matin en reconnaissance du côté de Sochaux, il n'en revient qu'un seul à 1 heure 30, ramenant les chevaux de ses trois camarades. Les postes sont toujours renforcés. Tous les dimanches, on monte aussi au Château plusieurs voitures de paille. Dans la journée on n'entend que des coups isolés du canon de Belfort.

La veille de Noël, les officiers ont joué la comédie à l'hôtel de la Balance. Le même jour, un horloger de Montbéliard était allé à Bethoncourt avec son oncle, mais ils ne purent rentrer en ville faute de sauf-conduit, furent arrêtés par le poste et menés à la Balance auprès des officiers ; ceux-ci croyant qu'ils portaient des dépêches, firent déshabiller tout nu l'horloger dans leur salle de réunion. Le colonel voyant qu'il ne portait rien commença à lui donner de grands coups de poing sur la tête en lui disant de ne rien raconter de ce qui venait de se passer ; sur sa réponse : « Oh, non, Monsieur », l'horloger reçut encore deux grands coups de poing d'un officier. Là dessus, ils le firent rhabiller, donnèrent deux verres de vin de Bordeaux à ces deux hommes et ordonnèrent de les conduire au Château où ils restèrent jusqu'au lendemain à midi sans rien manger. Les Prussiens qui gardaient ces deux hommes, s'amusèrent à les tourmenter ; ils leur passaient des cordes autour du cou et faisaient le simulacre de les pendre.

Mardi 27. — Le canon de Belfort a recommencé à gronder hier soir à partir de 7 heures et a continué toute la nuit. Les postes sont toujours renforcés.

A 10 heures 30, départ de vingt voitures de réquisition pour La Chapelle ; chacune des communes environnantes a dû fournir une voiture, répondre du cheval et de la voiture désignés pour partir, et enfin donner trente francs par jour au conducteur. A 10 heures 45, les Prussiens descendent six pièces de canon du Château et les mènent sur la place Saint-Martin. A 11 heures 30, départ de dix voitures de pain pour Arcey. A 3 heures, départ pour Désandans de deux compagnies de landwehr, d'une vingtaine de hulans et de trois voitures de vivres ; ces deux compagnies qui ont renforcé le 34ᵉ régiment de landwehr samedi dernier, sont formées du premier ban de la landsturm. Dans l'après-midi on a monté au Château, quatre grosses pièces en acier ; on dit que ce sont des pièces de siège qui viennent d'Héricourt. Il y a sur la place Saint-Martin six pièces de canon avec leurs caissons et plusieurs fourgons ; il reste au Château trois pièces de campagne et quatre pièces de siège. Toute la matinée le canon de Belfort a tiré, les détonations semblaient être assez éloignées ; mais à partir de 1 heure il se mit à ronfler plus rondement jusqu'au soir : c'était un tonnerre continuel de onze coups par minute.

Mercredi 28. — Toute la nuit le canon de Belfort a grondé, mais pas aussi fortement que dans l'après-midi d'hier. Les postes étaient très renforcés pendant la nuit : il paraît que les Prussiens s'attendent à quelque chose.

A 8 heures, départ du côté de Sochaux de deux pièces d'artillerie avec un détachement d'infanterie et quelques hulans.

Tous les jours vers midi, on mène une voiture de viande et de pain pour les avant postes de Sochaux. A 1 heure 15, départ pour Arcey de huit voitures de pain et de viande escortées par un détachement de fantassins de l'armée active. Une personne qui revient de ces côtés-là m'assure qu'il y a une quantité de troupes d'infanterie, de cavalerie et d'artillerie à Arcey, et que les villages environnants regorgent de Prussiens. Les pièces d'artillerie du Château sont braquées.

Il n'y a plus sur la place Saint-Martin que quatre pièces de canon avec leurs caissons et des fourgons. Toute la journée Belfort a tiré, mais les détonations sont assez faibles pour n'être perçues que depuis le Thiergarde. Le commandant du détachement du 2me régiment de pionniers a été blessé ; il est dans son logement en ville.

Jeudi 29. — Le canon de Belfort a commencé à gronder hier soir à 9 heures et a ronflé toute la nuit.

On dit que les Prussiens ont été chassés de Beaucourt, et repoussés jusqu'à Audincourt. La rive gauche du Doubs est bordée de troupes françaises. A 11 heures 30, on entend une détonation comparable à celle d'un fort coup de fusil : ce n'est autre qu'une explosion de gaz qui a lieu chez M. Küss au café de la Marine. Depuis deux jours il y avait une fuite dans la maison, et deux employés du gaz y avaient même passé la nuit. Dans la matinée, un fort feu de fourneau a déterminé l'explosion ; le plancher du bas a été soulevé jusqu'au plafond, si fortement qu'on craint pour l'empoutrage du premier étage. Le café était rempli de monde, il n'y a eu que quatre personnes blessées. Tout a été cassé, excepté une glace ; toute la devanture a volé en éclats.

A 3 heures, arrivée de trois compagnies de landwehr ; les soldats sont logés chez les habitants. C'est à peu près vers 3 heures que les postes sont changés. Le capitaine d'une compagnie, dont un détachement d'environ cinquante hommes allait monter la garde, leur dit sur la Place : « Comme votre poste est exposé à être enlevé d'un moment à l'autre, soyez vigilants et prudents, et ne vous laissez point surprendre ».

Il y a toujours quatre canons avec leurs caissons sur la place Saint-Martin. Ce soir les Prussiens sont très gais, ils chantent et rient ; les cafés et les cabarets en sont remplis. Toute la matinée le canon de Belfort a grondé, à 10 heures il commence à ronfler de plus belle ; les détonations sont très fortes et je

compte douze coups à la minute ; c'est un tonnerre continuel qu'on dirait venir de la ville même. Tout l'après-midi
le canon a grondé dans la direction d'Héricourt, mais vers
6 heures les détonations ne sont plus aussi fortes.

Tous les boulangers de la ville sont chaque jour de réquisition pour faire une fournée de pain pour les Prussiens.

Vendredi 30. — Toute la nuit le canon de Belfort a grondé ;
les détonations étaient tout aussi fortes que celles d'hier
après-midi. On dit que deux factionnaires sur la Citadelle se
sont suicidés il y a aujourd'hui huit jours.

A 10 heures, réunion sur la Place d'une centaine de hulans ;
ils attendent jusqu'à 1 heure l'arrivée du 21e régiment de
landwehr et d'une batterie d'artillerie : tous, au nombre de
plus de trois mille se dirigent sur Arcey.

A 11 heures 15, arrivée de deux compagnies de landsturm ;
ils ont à peu près le même costume que les landwehr, et
sont tous logés au Faubourg. Ces landsturm viennent de
Dampierre-les-Bois ; là, ayant fait une perquisition à la cure,
ils trouvèrent des fusils et demandèrent au curé ce qu'il voulait faire de ces armes ; celui-ci leur répondit que c'était pour
s'en servir contre les protestants quand l'invasion serait ter-
minée. Tous ces fusils furent confisqués. A 2 heures 30,
arrivée de deux compagnies de l'armée active. A 4 heures 45,
arrivée de deux bataillons du 67e régiment de l'active de
mille hommes chacun. Ces deux bataillons ont avec eux
quelques voitures de réquisition ; comme il n'y avait pas de
billets de logement de préparés, les officiers ordonnent à
leurs hommes de se loger où ils pourront excepté au Faubourg. Les rues sont pleines de ces soldats du 67e qui disent
avoir été au siège de Metz. Une compagnie de ce même régiment forme les faisceaux sur la Place, et montera probablement la garde cette nuit. Ces deux bataillons qui se rendaient
de Belfort à Hérimoncourt, furent surpris par des francs-tireurs
et obligés de rebrousser chemin ; ils ont eu une cinquantaine
de blessés dont un officier qui eut le petit doigt emporté ;
les blessés furent pansés à Hérimoncourt, et ceux qui purent
supporter la route furent amenés dans la soirée à l'ambulance de la Sous-Préfecture. Leur chirurgien-major avait une
poche remplie de balles qu'il avait extraites.

Toute la journée le canon de Belfort a grondé, mais les
détonations ne sont plus si fortes que dans la nuit.

A 6 heures 30, deux hulans se dirigent du côté de Sainte-Suzanne, en escortant une voiture d'avoine et une voiture à échelles chargée de sabres et de lances.

Samedi 31. — Toute la nuit le canon de Belfort a tiré, mais les détonations n'étaient pas fortes. Les postes étaient très renforcés pour la nuit ; dans chaque poste il y a un tonnelet d'eau de-vie. Un sergent de landwehr m'assure que les landwehr ne se battent jamais en sang-froid ; on les saoule toujours avant le combat. Ce matin, le marché n'est pas bien gros ; il y a tout au plus une dizaine de femmes. Les Prussiens circulent bien en ville.

A 10 heures 30, arrivée de deux compagnies de landwehr qui, une heure plus tard, repartent du côté de Sainte-Suzanne.

A 4 heures 30, distribution sur la place Saint-Martin, de couvertures à deux compagnies du 67e régiment de ligne. A 5 heures 30, trois hulans ramènent un mobile ; ce mobile est attaché à leurs chevaux et les hulans dirigent leur pistolet du côté du prisonnier. Déjà hier soir, ils avaient amené un zouave. Ce mobile qui est le fils du meunier d'Allondans, avait eu une permission au mois de septembre et n'avait pas rejoint ; il s'est trouvé quelqu'un pour le dénoncer aux hulans qui l'ont fait mettre en tenue et ramené au Château.

JANVIER 1871

Dimanche 1er janvier 1871. — Toute la nuit les Prussiens ont circulé, les rues étaient très animées ; les cafés et les cabarets étaient remplis de soldats et sont restés ouverts toute la nuit. Jamais nous n'avons passé un Nouvel An aussi triste, il n'y avait pas de chanteurs. Les Prussiens seuls ont fêté le Nouvel An : un groupe de soldats masqués en carnaval avec de grands chapeaux, ont parcouru les rues avec un ours, un éléphant et une petite musique ; ils se sont rendus à la Balance au moment du repas des officiers. Toute la nuit le canon de Belfort a grondé. A 7 heures, départ de deux bataillons du 67e régiment d'infanterie active ; ils se dirigent du côté de Sainte-Suzanne. A 8 heures 30, départ des voitures de réquisition accompagnant ces bataillons ; elles sont escortées par un détachement du 67e. A 9 heures, arrivée par Sochaux d'une cinquantaine de hulans dont un cheval est blessé ; à 9 heures 30, une partie d'entre eux se dirige du côté du Faubourg, l'autre du côté de la rue des Granges. A 12 heures 15, passage de trois compagnies du 21e landwehr allant sur Sochaux ; elles ont avec elles une quinzaine de voitures de réquisition, trois fourgons et un caisson. Entre 3 heures et 4 heures, on amène sept voitures de blessés à l'hôpital. A 5 heures, départ d'une compagnie de landwehr pour Sochaux. La cour de la gare est remplie de voitures de réquisition. Toute la journée le canon de Belfort a grondé. Depuis hier le général Treskow est ici avec tout son état major ; il y a également quarante musiciens.

Lundi 2. — Toute la nuit le canon de Belfort a grondé. A 9 heures, départ d'une trentaine de hulans du côté de Sochaux. A 10 heures 30, retour des deux bataillons du 67e régiment de l'active, avec quatre compagnies du 21e régiment de landwehr et deux pièces de canon. Le 67e régiment parti hier matin, était allé à Dung où il avait attendu le 21e régiment de landwehr et les deux canons. Nous avons encore les mêmes soldats du 67e à loger : un maître armurier, un fourrier et deux brosseurs. Vers 10 heures le canon de Belfort recommence à ronfler ; les fenêtres grillent, les détonations sont très fortes et sourdes, j'en compte dix à la minute. Vers 2 heures 30, on entend deux coups formidables ; ce sont des artilleurs qui essaient deux pièces de canon dans la cour des Chèvres du Château. Il y a en ce moment sur la place Saint-Martin, six pièces de canon avec leurs caissons, et des fourgons. Dans la grande cour du Château, les pièces de canon sont en place ; deux donnent sur Sochaux, une autre sur Arbouans. Toute la journée le canon de Belfort a grondé. Dans l'après-midi on a entendu quelques coups de canon dans la direction de Seloncourt-Hérimoncourt ; plusieurs officiers étaient au Château avec des lunettes d'approche.

Mardi 3. — Toute la nuit le canon de Belfort a ronflé ; les coups se succédaient rapidement. A 9 heures, les deux bataillons du 67ᵉ régiment avec une trentaine de hulans vont communier à l'Eglise ; ils sont tous en grande tenue. Ceux qui ne vont pas à l'Eglise font le culte à la maison. A 1 heure, départ de ces deux bataillons pour Delle où ils vont attendre les Français ; avant de partir, les soldats chantent un cantique sur la place d'Armes. Ils emmènent avec eux deux pièces de canon prises sur la place Saint-Martin, plus une quinzaine de voitures de réquisition chargées de viande, de pain et de tonneaux d'eau-de-vie. A 3 heures, passage de deux bataillons d'infanterie active, de trois bataillons du 21ᵉ landwehr, d'une batterie d'artillerie de six pièces, d'un escadron de hulans et d'une soixantaine de hussards. Arrivés sur la Place, les hussards repartent du côté du Faubourg. Le commandant de hulans qui était ici depuis longtemps, part définitivement avec cet escadron de hulans ; il dit à ses hommes : « Vous n'aurez plus à saluer l'ennemi que cette fois-ci, après vous retournerez en Prusse vers vos femmes et vos enfants ». Toutes ces troupes viennent d'Arcey et se dirigent sur Delle ; elles ont avec elles plus de quatre-vingt-dix voitures de réquisition chargées de viande, pain, foin, paille, orge, riz et avoine.

Les quarante musiciens qui étaient ici depuis samedi, sont repartis vers midi et demi. Toute la journée le canon de Belfort a ronflé coup sur coup ; les détonations étaient sourdes et très fortes.

Mercredi 4. — Hier soir, à partir de 8 heures 45, le canon de Belfort a grondé pis que jamais : les détonations étaient très fortes et se succédaient avec une rapidité effrayante ; on entendait des bordées de quinze à vingt coups et moins d'une demi minute après, cela recommençait. A partir de 5 heures du matin, ces bordées ont cessé pour faire place à des coups de canon qui se succédaient très rapidement. Vers 11 heures les bordées ont recommencé.

A 7 heures, passage d'un régiment de landwehr se dirigeant sur Arcey. A 8 heures 30, passage des deux bataillons du 67e régiment de l'active, partis hier à 1 heure ; ils reviennent de Delle et se dirigent sur Arcey. A 2 heures 45, arrivée d'une compagnie de l'armée active, de quatre compagnies du 4e régiment de landwehr et de quatre compagnies du 5e régiment de landwehr ; ils sont tous logés en ville.

Ces huit compagnies du 4e et du 5e landwehr viennent directement de l'Allemagne ; les soldats ont des vêtements tout neufs, les fusils et les gamelles sont également neufs. Ils ont passé la journée d'hier à Héricourt. Sur la place Saint-Martin, il n'y a plus que quatre pièces de canon avec leurs caissons, et des fourgons. Tout l'après-midi jusqu'au soir le canon de Belfort a ronflé. On parle beaucoup des combats d'avant-postes de Seloncourt et de Croix.

Jeudi 5. — Toute la nuit le canon de Belfort a ronflé coup sur coup. A 9 heures 30, départ de huit compagnies du 4e et du 5e régiment de landwehr avec une quinzaine de voitures de réquisition du côté d'Arcey. Depuis quelques jours il y a un grand mouvement de troupes par ici ; on dit que le général Werder se trouve dans les environs d'Arcey.

Un mot sur la situation de Montbéliard : Défense à un groupe de plus de deux personnes de sortir après 6 heures du soir ; défense expresse à toute personne de sortir après 9 heures ; défense de sortir de ville sans laisser-passer ; on ne peut même pas aller au Canal sans sauf-conduit ; on ne peut entrer en ville par le Canal que de 10 heures du matin à 2 heures de l'après-midi.

A 3 heures 15, passage d'un escadron de hulans, de trois compagnies du 67e régiment de l'active, de huit compagnies du 14e régiment de landwehr, d'une batterie de pièces en acier avec de nombreux caissons, et de soixante voitures de réquisition environ, chargées de vivres et de toutes sortes de choses, jusqu'à du cuir ; les hulans chantent, et il y a même

les débris d'une musique. Toutes ces troupes arrivent par
Sochaux et se dirigent sur Arcey. A 3 heures 45, départ d'une
vingtaine de voitures de réquisition se trouvant dans la cour
des Halles ; elles sont commandées par deux hussards et se
dirigent du côté de Sochaux. A 4 heures, on commence à
abattre des arbres qui gênent les pièces du Château ; le commandant des pionniers a requis à cet effet des scieurs de bois
de la ville, et à 5 heures tout est terminé. Ils ont coupé deux
tilleuls sous le Château, deux peupliers et un tilleul près de
la maison de M. Pitiot-Martin (1), qui gênaient les canons
donnant du côté d'Etupes.

Il y a un poste à la ferme des Gouttes. Dans la journée le
canon de Belfort a grondé jusqu'à 10 heures du matin, et à
partir de ce moment on n'a plus entendu que quelques coups
par-ci par-là.

Vendredi 6. — Toute la nuit le canon de Belfort a tiré, mais
les détonations n'étaient pas très fortes.

A 10 heures, arrivée de l'escadron de hulans qui était parti
dernièrement pour Delle ; les hommes mettent leurs chevaux
sous les Halles et attendent en chantant. A 10 heures 45, des
artilleurs amènent sur le square de la place d'Armes les
quatre pièces de canon et leurs caissons ainsi que les fourgons qui se trouvent sur la place Saint-Martin. Dans la matinée on entend la fusillade et la canonnade du côté d'Arcey.
A 11 heures, la route de Sochaux est couverte de troupes
qui arrivent. A 11 heures 45, l'escadron de hulans arrivé à
10 heures se dirige en chantant du côté du Faubourg. A midi
20 minutes, passage de quatre compagnies du 67ᵉ régiment
de l'active, avec une batterie de quatre pièces de canon et
une dizaine de voitures chargées de vivres ; ils se dirigent
du côté du Faubourg. A 1 heure, les quatre pièces de canon
sont toujours sur le square de la Place. Deux compagnies du
67ᵉ régiment qui ont formé les faisceaux dans la cour de la
gare attendent. Il y a là une vingtaine de voitures chargées
de vivres et des fourgons ; il y a même une voiture escortée
par une quinzaine de pionniers Wurtembergeois. A 2 heures 30, arrivée de six compagnies du 67ᵉ régiment de l'active ;
elles amènent avec elles une batterie de six pièces en acier

(1) Actuellement à l'intersection de la rue Henri Mouhot et de la route
de Sochaux.

qui se rangent sur la place Saint-Martin. Ces six compagnies se joignent aux deux compagnies qui attendent dans la cour de la gare et toutes les huit partent à 2 heures 45 du côté d'Arcey avec la batterie de quatre pièces qui les attend sur le square de la place d'Armes. Un homme qui revient d'Arcey assure qu'il y a là et dans les environs une grande quantité de troupes ; plusieurs maisons sont crénelées, et un grand nombre d'entre elles abritent des pièces de canon. A 4 heures 15, passage du 47ᵉ régiment de landwehr avec une vingtaine de voitures de réquisition chargées de vivres ; ce régiment est au complet et se dirige sur Arcey. A 6 heures, départ de neuf voitures que l'on a chargées de viande à l'abattoir ; elles sont escortées par un détachement du 47ᵉ, et vont rejoindre leur régiment. De 2 heures 45 jusqu'à 4 heures 30 on entend trois ou quatre cloches sonner à toute volée dans la direction de Sainte-Suzanne ; le carillon recommence à 6 heures. mais il ne dure pas longtemps. Ce matin, M. Pipette Camus a reçu l'ordre de démolir sa maison ; les Prussiens lui ont fourni des hommes et il a dû enlever toute la charpente et démolir une bonne partie de la façade. A 6 heures 30, passage d'un régiment de landwehr se dirigeant sur Sainte-Suzanne. Le canon de Belfort a grondé toute la journée ; on entendait des bordées de trois coups à raison de quatre bordées à la minute ; les détonations étaient très fortes malgré le vent qui soufflait et la grande quantité de neige tombée pendant la nuit. Il y a ce soir sur la place Saint-Martin, six pièces en acier avec leurs caissons et leurs fourgons, cinq voitures d'ambulance et des fourgons. Dans la journée on a conduit 42 bœufs au Château. On a fait dans la journée une perquisition à Dung dans toutes les maisons ; les soldats ont enlevé toutes les couvertures qu'ils ont trouvées. A 10 heures 30 du soir, la batterie d'artillerie de 6 pièces qui se trouve sur la place Saint-Martin, repart du côté de Sochaux ; il paraît que ces artilleurs venaient d'Hérimoncourt où des mobilisés leur ont tiré dessus, et qu'ils ont eu quelques tués et blessés.

Samedi 7. — Toute la nuit jusqu'à 4 heures du matin on a entendu le canon de Belfort. Toute la nuit précédente et toute cette nuit-ci on a entendu passer des troupes ; on a dû loger pendant la nuit plusieurs détachements qui sont repartis de grand matin. A 9 heures 45 passage d'un escadron de

hulans venant de Sochaux et se dirigeant sur Sainte-Suzanne.
Le marché est très petit, comme toujours. Les Prussiens
ayant brûlé tout le bois qui se trouve à la gare, commencent
à brûler les traverses de chemin de fer ; ils en conduisent
deux grandes voitures au Château. A 2 heures, départ de
onze voitures de vivres dont neuf sont chargées de viande
et deux de pain ; ces voitures escortées par un détachement
du 47ᵉ régiment de landwehr se dirigent du côté de Dung ;
une de ces voitures est escortée par des pionniers Wurtembergeois. A 3 heures, réunion sur la place de deux compagnies du 54ᵉ régiment de landwehr pour changer les postes.
A 3 heures 30, arrivée à l'hôpital d'une voiture contenant
deux officiers blessés et escortée par un détachement d'infanterie. Dans l'après-midi, il monte au Château quatre-vingts
voitures chargées de caisses et de petits tonnelets ; ce sont
probablement des vivres. Aujourd'hui il a été défendu d'entrer en ville et d'en sortir. La place Saint-Martin est complètement vide. On n'a pas entendu le canon de Belfort pendant la journée. A 8 heures du soir, trois compagnies de
landwehr sont réunies sur la place d'Armes pour aller renforcer un poste. Il paraît que dernièrement, les Prussiens
ont bombardé Valentigney ; heureusement qu'ils n'ont blessé
qu'une vache et un cochon.

Dimanche 8. — Le canon de Belfort ne s'est pas fait entendre
pendant la nuit. Les trois compagnies de landwehr parties
hier soir, reviennent ce matin à 8 heures 30 par Sochaux. A
9 heures, des Prussiens vendent sur la place des têtes de
bœuf à deux francs pièce, du gras-double et des tripailles.
A 10 heures, remonte des officiers. Les Prussiens vendent
cinq chevaux de troupe à raison de 5 à 7 francs l'un. — A
10 heures 45, départ d'un escadron de hulans arrivé hier ; il
se dirige sur Arcey avec plusieurs voitures de vivres. Il y a
beaucoup de mouvement aujourd'hui ; on ne rencontre que
des voitures montant au Château, et en redescendant chargées de pain ou de viande. Des voitures escortées par des
détachements du 47ᵉ landwehr et du 50ᵉ landwehr amènent
des blessés à l'hôpital et s'en retournent après avoir chargé
de la viande à l'abattoir. Montbéliard est le centre de ravi-
taillement pour les troupes qui se trouvent dans les villages
environnants ; ainsi hier on a tué douze bœufs à la Grande
Boucherie, aujourd'hui on en tue huit. Tous les jours les

Prussiens amènent des bœufs en ville. Tous les boulangers sont de réquisition pour la cuisson du pain de troupe. A 4 heures, revue des deux compagnies du 54ᵉ régiment de landwehr. On n'a pas entendu du tout le canon de Belfort dans la journée.

Lundi 9. — On n'a pas entendu le canon de Belfort pendant la nuit. Vers 1 heure du matin, arrivée à l'hospice et au Château de dix-neuf voitures de blessés. Il y a un grand train de voitures aujourd'hui et les rues en sont encombrées ; les unes montent au Château et en redescendent avec des vivres, les autres stationnent devant l'abattoir où on les charge de viande ; la plus grande partie d'entre elles se dirigent sur Arcey. Les Prussiens tuent quinze bœufs à l'abattoir. A 11 heures 30, départ du côté de Belfort, de quatre compagnies du 54ᵉ régiment de landwehr. Pendant toute la matinée on entend assez distinctement la canonnade et la fusillade du côté de Lougres. A deux heures il passe par la ville, venant par Sainte-Suzanne et se dirigeant sur Sochaux, une quantité d'artillerie, de cavalerie et d'infanterie. Les hommes chantent, crient et braillent comme des *pattiers* ; leur pas est forcé et leur défilé dure jusqu'à trois heures. Ils ont l'air de battre en retraite. On dit qu'on s'est battu hier à L'Isle-sur-le-Doubs, à Hérimoncourt et à Delle ; ce sont des rencontres d'avant-postes. Cinquante voitures venant de Prusse montent au Château ; elles contiennent trente bâches de café, des légumes secs et de la viande salée. A quatre heures on commence à placer sur la citadelle des pièces d'artillerie arrivées dans la journée. A 4 heures 30, arrivée de deux compagnies du 67ᵉ régiment de l'active avec des voitures vides. A 4 heures 45 un détachement de landwehr amène huit mobiles pris à Cessenans dans un cabaret ; à leur entrée en ville des bonnes gens s'empressent de donner à nos soldats de l'argent, du chocolat, du pain, de la viande cuite, des saucisses et du fromage. A la nuit, des Prussiens s'emparent de chevalets, de planches et de fumier pour renforcer les barricades des entrées de ville. A partir de dix heures du matin, le canon de Belfort recommence à gronder et continue toute la journée.

Mardi 10. — Toute la nuit le canon de Belfort a grondé coup sur coup ; les détonations étaient très fortes. A 7 heures 30, départ des deux compagnies du 67ᵉ régiment de ligne arrivées hier à 4 heures 30 ; elles retournent à Arcey avec quinze voitures de vivres. Le fourrier d'une de ces compagnies nous dit qu'on s'est battu cette nuit, car depuis le Château on voyait très bien le feu, mais sans entendre les coups. A 11 heures, départ des trois compagnies de landwehr qui campent sous les Halles ; ces trois compagnies arrivées hier se dirigent sur Arcey. Des officiers avaient fait courir le bruit qu'elles allaient chercher 500 prisonniers français pour les ramener au Château. Le colonel Zimmermann, commandant de place fait publier : « Quiconque s'approchera des prisonniers français sera fusillé. » A 4 heures, arrivée d'un détachement du 67e régiment venant chercher des vivres ; ce détachement comprend une huitaine d'hommes pris dans les deux compagnies parties ce matin. Deux de ces hommes et un fourrier qui ont été déjà logés chez nous et qui le sont encore pour cette nuit, nous disent que, à leur arrivée à Arcey, on se battait un peu plus loin et qu'on a envoyé au feu leurs deux compagnies, n'en retirant que huit hommes pour venir chercher des vivres ici. Toute la journée le canon de Belfort a grondé continuellement, coup sur coup.

Mercredi 11. — Je n'ai pas entendu le canon de Belfort pendant la nuit ; la bise a soufflé fortement. Depuis quatre jours les Prussiens déménagent leurs blessés de l'hôpital et les conduisent à Châtenois. Vers 8 heures on conduit quarante bœufs à l'abattoir ; hier on en a tué seize. Il y a toujours un grand mouvement de voitures. Les Prussiens ont coupé dans le jardin de M. Fallot de la Citadelle, une douzaine de beaux grands peupliers qui, soi-disant, gênaient leurs pièces d'artillerie ; ils ont pris ces arbres et en ont fait une baraque sur la Miche de Pain pour leur poste. Toute la journée la citadelle est gardée ; il y a un poste de deux cents hommes. A 6 heures 15, arrivée par Héricourt d'un bataillon de landwehr et d'une batterie d'artillerie ; la place Saint-Martin en est couverte. Ce bataillon est formé de détachements du 1er, du 3e et du 7e régiment de landwehr ; il y a dix à vingt de ces hommes par maison. Dans la matinée on n'a entendu que quelques coups isolés du canon de Belfort ; à partir de midi il gronde fortement jusqu'au soir.

Jeudi 12. — Toute la nuit le canon de Belfort a grondé ; les détonations étaient très fortes et se succédaient avec une rapidité effrayante, à deux heures c'était un tonnerre

effroyable ; vers cette heure là deux énormes coups ont fait
trembler la maison. On entendait en plus des coups de fusil
de tous côtés. Toute la nuit les soldats ont circulé ; il est
arrivé des troupes et il en est reparti. A 8 heures 45, les
landwehrs arrivés hier soir se réunissent pour partir ; ils
reçoivent contre-ordre à 10 heures 15 et rentrent dans leurs
logements. Ce matin il y a un grand train de voitures et de
soldats ; il arrive de la landwehr et il en repart. A 11 heures
30, arrivée par Héricourt de quatre pièces de canon en acier
avec deux compagnies du 3ᵉ régiment de landwehr ; ces
pièces sont rangées dans la cour de la gare des voyageurs.
A 11 heures 45, arrivée d'une compagnie de pionniers Badois ;
ils viennent de Bethoncourt où ils ont miné le Pont. La place
d'Armes et couverte de voitures de vivres. La cour de la gare
des marchandises est remplie de voitures couvertes venant
de Prusse. Il n'y a plus que deux ambulances et quelques
fourgons sur la place Saint-Martin. A 1 heure on commence
à conduire des traverses de chemin de fer sur le Pont-Neuf
pour y établir une barricade. A 2 heures, un officier avec
deux hommes armés conduisent le Maire au Château. On dit
que c'est à cause d'une lettre que lui portait un facteur qui a
été arrêté. A 3 heures, on fait le changement des postes :
une compagnie du 3ᵉ régiment de landwehr se dirige vers
les Fossés ; deux compagnies du même régiment se dirigent
vers la rue Derrière ; plusieurs autres compagnies de landwehr se dirigent vers le Faubourg, la Citadelle et le Grand-
Pont. Il faut au moins un bataillon pour changer et renforcer
tous les postes. A 5 heures 15, un escadron de hulans, un
bataillon du 3ᵉ régiment de landwehr avec quelques voitures
reviennent d'Arcey. Au château, on ne voit plus qu'un canon
sur affût dans la grande cour ; il paraît que les Prussiens
veulent s'y fortifier car tous les jours on y monte des vivres ;
toute la journée on y a conduit du foin, de la paille surtout
et des pompes. On continue à tuer des bœufs à la Grande
Boucherie. A 6 heures 15, un homme porte le lit du Maire au
Château. Toute la journée le canon de Belfort a grondé. Ce
matin, des mobiles ont poussé une reconnaissance jusqu'au
Mont Chevis. Il y a tellement de soldats en ville qu'on est
obligé d'en loger, dans les églises, les écoles et le casino.

Vendredi 13. — Toute la nuit le canon de Belfort a grondé
sans discontinuer ; les détonations étaient très fortes et se

succédaient rapidement ; on voyait des fusées et parfois on entendait des bordées d'une quinzaine de coups. Vers 2 heures 30 on a entendu un coup effroyable qui a fait trembler la maison et dont l'écho répercuté dura plusieurs secondes. A 2 heures 45 du matin il arrive quatre compagnies du 45e régiment de landwehr ; on met vingt à trente de ces hommes par maison. A 7 heures, départ pour Belfort de quatre compagnies du 54e régiment de landwehr ; ces quatre compagnies qui étaient déjà parties lundi dernier à 11 heures 30 étaient revenues à Montbéliard. A 9 heures 30, départ du côté d'Arcey de quatre compagnies du 45e régiment de landwehr arrivées cette nuit, de deux compagnies du 1er régiment de landwehr arrivées hier, et de trois compagnies du 43e régiment de landwehr qui viennent de Sochaux ; ces troupes ont avec elles quelques voitures de réquisition, une ambulance et une dizaine de hulans. A 10 heures, trois compagnies du 1er régiment de landwehr forment les faisceaux sur les Fossés et attendent. A 11 heures 30, une forte détonation fait trembler les vitres. A 11 heures 40 ces trois compagnies de landwehr partent du côté de Sochaux. A 11 heures 45, arrivée par Sochaux de cinq compagnies du 45e régiment de landwehr. On dit que le Pont de Bethoncourt a sauté cette nuit vers deux heures et demie du matin. A 1 heure 30, revue de trois compagnies du 3e régiment de landwehr logées dans les rues de la Boucherie et de la Sous-Préfecture. Le Maire est toujours au Château avec le facteur qui lui portait des lettres et des journaux. Il y a toujours le même train de voitures devant la Grande Boucherie. A 2 heures 15, on entend la fusillade et la canonnade du côté d'Audincourt et de Seloncourt ; la fusillade très vive et très nourrie d'abord éloignée semble se rapprocher de plus en plus. A 3 heures, la fusillade et la canonnade cessent ; on voit de la fumée au-dessus de Seloncourt vers Vandoncourt. A 3 heures 20, les clairons de l'infanterie, de la cavalerie et de l'artillerie ainsi que les tambours sonnent et battent la générale ; ils vont très rapidement et ils sonnent dans tous les coins de rue. Aussitôt les habitants ferment les magasins, les maisons et les persiennes : on ne voit plus un civil dans les rues. La place d'Armes se couvre de landwehrs et de hulans ; les artilleurs courent atteler leurs pièces à la gare. Les officiers à cheval courent au grand galop sans s'inquiéter des hommes à pied qu'ils renversent ; les hulans prennent des billets de parterre

avec leurs chevaux ; de tous côtés les fantassins arrivent.
Tous se trouvent rapidement réunis sur la Place. Deux bataillons de landwehr partent du côté de Sochaux ; un autre
bataillon avec une ambulance monte à la Citadelle : avant de
partir tous ces landwehrs chargent leur fusil, et derrière
chaque compagnie se trouvent deux hommes portant une
civière pour les blessés. Toutes les voitures de réquisition,
tous les caissons, les ambulances et les fourgons qui se
trouvent sur les places de l'Enclos et de Saint-Martin partent
du côté de Sochaux. Le bataillon qui a monté à la Citadelle
se divise en quatre groupes, un sur la Miche de Pain, un de
l'autre côté des tranchées, un vers la maison de l'équarrisseur,
et le dernier sur la route d'Allondans. Toutes les voitures de
la gare des marchandises sont évacuées ; les quatre pièces
d'acier et leurs caissons qui se trouvent dans la cour de la
gare des voyageurs sont montés au-dessus du Grand-Jardin.

Un bataillon d'infanterie se trouve au-dessus du Grand-
Jardin. Aussitôt une reconnaissance d'infanterie et de hulans
part du côté de Sainte-Suzanne. Tous les postes sont changés
et renforcés ; il y a des avant-postes tout autour de la ville.
Un landwehr en retard décharge son fusil en l'air au milieu
de la rue des Febvres. Il reste sur la Place environ quatre
compagnies de landwehr et une centaine de hulans ; au bout
de quelque temps ils sont renvoyés au Château, où il y a,
paraît-il, beaucoup de soldats.

Dans la nuit dernière des pionniers ont commencé à couper
les peupliers du Grand-Pont, et deux conseillers municipaux
ont dû être là toute la nuit pour être les premiers exposés aux
balles françaises en cas d'attaque. Toute la journée le canon
de Belfort a fortement grondé ; on entendait des bordées de
six coups se succédant très rapidement. Vers 8 heures du soir,
des Prussiens enlèvent les planches placées sur la partie coupée du Grand-Pont, afin que l'on ne puisse plus passer. Il y a
quelques jours, ces pilleurs-là ont enlevé toute la cave de
M. Charles Mettey où il y avait pour un millier de francs
d'eau-de-vie. La cave à liqueurs du Lion Rouge a été également enlevée.

Samedi 14. — Toute la nuit le canon de Belfort a grondé
sans discontinuer ; les détonations étaient extrêmement fortes
et semblaient très rapprochées, c'était un tonnerre continuel
de bordées de cinq à six coups à raison de quatre de ces

bordées par minutes. Toute la nuit les troupes ont été sur pied et n'ont fait que circuler. Ce matin tout est rentré dans l'ordre habituel ; toujours le même train de voitures montant au Château et en redescendant, toujours le même train de voitures devant l'abattoir. Les Prussiens recommencent à tuer des bœufs ; il y en a quinze à abattre pour aujourd'hui. Il fait froid, l'Allan est gelée, et la neige tassée rend les chemins très glissants. Les postes ne sont plus de piquet, et les soldats sont logés de nouveau chez les habitants, comme autrefois. Depuis 7 heures du matin il y a au Grand-Pont une dizaine d'hommes du 2me et du 3me pionniers, une cinquantaine de landwehr, et six scieurs de bois ou bûcherons de la ville réquisitionnés par les Prussiens.

Les landwehr enlèvent des bois et des poutres de la scierie de M. Piquet et les transportent sur le Grand-Pont ; les pionniers et les six scieurs de bois coupent les peupliers du Grand-Pont.

Les propriétaires des maisons qui se trouvent à la Citadelle, tels que M. Rossel et M. Fallot ont reçu l'ordre d'évacuer leur maison.

A 10 heures 30, quatre hommes armés emmènent sur un char à bancs au Quartier Général le Maire Lalance avec le facteur qui portait des lettres et des dépêches pour la mairie. Le commandant de Place fait publier : « Il faut éviter les rassemblements, car les soldats ont ordre de tirer sur les groupes ; chaque propriétaire doit mettre devant sa maison des cendres et de la sciure de bois pour empêcher les soldats de tomber ». La fusillade qu'on a entendue hier venait de Seloncourt, où nos Français ont mis cent quarante landwehr hors de combat, et n'ont eu qu'un tué et six blessés.

A 11 heures 15, un bataillon de landwehr monte la Petite Hollande.

A 11 heures 30, on entend la fusillade et la canonnade du côté de Bart. A midi, une voiture de réquisition amène des blessés de Bart.

A midi 45, les clairons et les tambours sonnent et battent la générale. Toutes les voitures et tous les caissons qui se trouvent sur les places de l'Enclos et de Saint-Martin filent du côté de la gare ; les troupes se réunissent sur la place d'Armes. Une partie de la landwehr et des hulans

4

partent du côté du Faubourg, les autres du côté de la rue des Granges : il est impossible de voir où ils vont, car les soldats chassent les gens qui se trouvent dans les rues. Tous les magasins sont fermés ainsi que les maisons. Les landwehr qui étaient partis dans la direction du Faubourg pour se rendre sur la Citadelle, reviennent et repartent par la rue des Granges. Les pionniers occupés à couper les peupliers du Grand-Pont reçoivent aussitôt contre-ordre et cessent leur travail. A 3 heures, il y a sur la Place un bataillon de landwehr environ, et un escadron de hulans ; ils attendent probablement des ordres. A 4 heures, une partie de ces landwehr se dirige sur le Faubourg, une autre sur la rue des Granges, et enfin une troisième partie sur la rue Derrière.

A 4 heures 15, on entend la fusillade au-dessus de la maison de l'équarrisseur ; des hulans qui se trouvent là autour en vedette se replient. La fusillade dure de sept à dix minutes. A 5 heures, depuis la Citadelle, on amène à l'hôpital trois blessés dont un officier que deux hommes soutiennent par dessous les bras.

A 5 heures 30, deux hulans montent au galop au Château.

A 6 heures, tous les landwehr se trouvent réunis sur la Place ; plusieurs compagnies sont logées chez les habitants, les autres attendent sous les Halles pour y passer la nuit.

Le soir, il arrive des pièces d'artillerie que l'on monte au Château. Toute la journée le canon de Belfort a ronflé aussi fortement que dans la nuit dernière.

Dans la journée des soldats ont amené au Château Charles Rossel le maçon arrêté sur la route de Voujaucourt.

Dimanche 15. — Toute la nuit le canon de Belfort a grondé. A 9 heures 15, départ de deux compagnies de landwehr du côté de Sochaux. Trois compagnies de landwehr campent sous les Halles. Toutes les troupes sont dans les postes. Ce matin, des soldats finissent d'enlever des bois de la scierie de M. Piquet ; tous les arbres du Grand-Pont sont coupés. Il fait bien froid, mais le temps est clair et le soleil luit. Dès le matin, le commandant de Place fait placarder l'affiche suivante : « Je préviens les habitants de Montbéliard, qu'en cas d'attaque de la ville, ou de l'occupation de celle-ci par les troupes françaises, je ferai bombarder la ville ». Autre publication : « Chaque propriétaire est sommé de casser la glace devant chez lui, et de saupoudrer la rue de cendres, et si pour 11 heures, cela n'est pas achevé, je somme la ville d'une amende de dix mille francs ».

A 10 heures 30, fusillade très vive et très nourrie au-dessus de Sainte-Suzanne ; cela dure tout au plus dix minutes. On voit les Prussiens défiler dans le bois au-dessus de Sainte-Suzanne. A 10 heures 40, la fusillade recommence.

A 10 heures 30, les Prussiens battent la générale : toutes les troupes accourent sur la place d'Armes. On entend aussi la fusillade du côté de Bethoncourt, mais elle ne dure pas longtemps.

A 11 heures, départ de deux compagnies de landwehr par le Grand-Pont ; elles montent la Petite Hollande. A 11 heures 5, trois compagnies de landwehr montent sur la Miche de Pain. A 11 heures 8, une autre compagnie de landwehr remonte la Petite Hollande.

A 11 heures 11, une compagnie de landwehr s'échelonne en tirailleurs au-dessus de Sainte-Suzanne. A 11 heures 15, une compagnie de landwehr monte depuis Sainte-Suzanne vers la route de Dung. A 11 heures 20, la dernière compagnie de landwehr montant la Petite Hollande revient en ville. A 11 heures 30, deux compagnies de landwehr montent sur la Citadelle.

A 11 heures 55, les deux compagnies de landwehr qui ont monté la Petite Hollande, entament le feu du côté de Voujaucourt-Bart. A 12 heures 5, une compagnie de landwehr descend la Petite Hollande.

A 12 heures 10, des soldats amènent sept blessés venant du côté de Bethoncourt. La fusillade a cessé dans cette direction.

A 12 heures 30, les Prussiens commencent à tirer avec leurs grosses pièces d'artillerie du Château ; les détonations font trembler les vitres. Les troupes prussiennes ont reculé sur les côteaux.

La fusillade a cessé du côté de Voujaucourt-Bart.

Elle est très vive au-dessus de Dung.

Les Prussiens commencent à placer des pièces au-dessus de chez l'équarrisseur et à tirer.

A 12 heures 45, les pionniers qui, au son du tambour, avaient quitté le Grand-Pont reviennent et se mettent à transporter des bois.

A 1 heure, ces pionniers se replient en ville. Les pièces placées près de chez l'équarrisseur tirent sans discontinuer.

Au Château les coups de canon se succèdent par intervalles assez courts.

A 1 heure 20, la fusillade recommence au-dessus de Chenau, du côté d'Allondans.

La fusillade est vive au-dessus de Sainte-Suzanne ; elle est très vive et très nourrie au-dessus de Chenau.

A 2 heures, la canonnade redouble ; on voit une quantité d'obus éclater en l'air.

A 2 heures 10, les Prussiens attellent les pièces placées au-dessus de chez l'équarrisseur et battent en retraite rapidement vers la Miche de Pain.

A 2 heures 15, on entend le clairon français sonnant la charge.

A 2 heures 20, des Prussiens conduisent au Château vingt-deux mobiles prisonniers.

A 2 heures 30, tous les Prussiens qui se trouvent dans les vignes au-dessus de Chenau se replient sur la Citadelle.

A 2 heures 45, la fusillade se fait entendre en trois endroits ; au-dessus de Sainte-Suzanne, du côté de Voujaucourt et près de Chenau.

Les Prussiens ont complètement évacué le terrain autour de chez l'équarrisseur. Nos artilleurs français ont placé des pièces au-dessus des vignes de Rose ; elles tirent sur la Citadelle. Les pièces du Château leur répondent.

3 heures, deux compagnies de landwehr bien clairsemées, descendent la Petite Hollande et entrent en ville.

A 3 heures 20, une compagnie de landwehr se trouvant sur la Miche de Pain descend dans les tranchées.

A 3 heures 25, il y a des tirailleurs français tout autour de la maison de l'équarrisseur.

A 3 heures 26, les pionniers enlèvent le passage du Grand-Pont. Trois officiers à cheval qui sont restés constamment sur le Grand-Pont se replient au galop sur le Château.

A 3 heures 30, des troupes françaises descendent la route de Dung et les vignes de Rose au pas de charge. A la même heure une soixantaine de landwehr venant de la Petite Hollande et trouvant le Grand-Pont coupé se replient au pas de course du côté d'Audincourt.

A 3 heures 35, les côteaux Jouvans sont garnis de Prussiens battant en retraite.

A 3 heures 40, on entend des cris redoublés au Faubourg : ce sont les Français qui entrent en ville.

A 3 heures 45, les Prussiens placent deux pièces sur les

côteaux Jouvans et tirent au-dessus des vignes de Rose. Nos artilleurs français leur répondent ; les obus pleuvent, éclatent dans les prés du Grand-Pont, puis dans le bois du Canal, et enfin près des deux pièces prussiennes.

A 3 heures 55, je m'absente pendant dix minutes de mon observatoire des mansardes pour aller voir nos braves Français. Je suis arrêté rue de la Boucherie, à l'angle du mur du jardin du pensionnat Dollfuss, par le sifflement de balles venant du Château : deux zouaves, rasant les murs de la rue de la Sous-Préfecture, essuient un coup de feu tiré de l'ambulance de la Sous-Préfecture, et, sans y répondre, ils vont s'embusquer dans le portail de l'hôpital d'où ils se mettent à tirailler sur le Château.

A 4 heures 10, les Prussiens qui restent sur le côteau Jouvans, c'est-à-dire deux compagnies de landwehr bien éclaircies, battent en retraite avec les deux pièces de canon.

Les Français tiennent toute la ligne. Il n'y a plus qu'un combat d'artillerie. Les pièces françaises placées au-dessus de Chenau et des vignes de Rose, commencent à tirer sur le Château. Les obus pleuvent. Le Château répond. A 5 heures 45 tout cesse.

La Citadelle ne s'est pas défendue : il n'y avait plus rien quand on s'en est emparé. Pendant toute la journée les Prussiens ont amené une centaine de leurs blessés à l'hôpital.

La ville renferme quatre mille Français environ : de la ligne, de la mobile, des turcos, des zouaves, des chasseurs, etc. Il y a des postes dans toutes les rues, à la Citadelle, à la Gare et autour de la ville.

Le soir, après 6 heures, la rue de la Boucherie est pleine de turcos : un jeune turco à qui je donne des bas et des mitaines est tellement content, qu'il croit me faire un grand plaisir en m'offrant deux oreilles de Prussiens sur sept qu'il porte autour du cou.

Lundi 16. — A minuit et demi, nos Français tirent un coup de canon depuis la Citadelle ; les Prussiens répondent par cinq ou six coups. L'ennemi se met alors à tirailler sur notre poste de la Gare.

A 2 heures du matin, nos artilleurs placent six pièces sur la Citadelle ; mais à la pointe du jour on s'aperçoit qu'elles sont trop à découvert sur la Miche de Pain, et l'on s'empresse de les replacer dans les sapins au-dessus des anciennes vignes de façon à pouvoir tirer convenablement sur le Château sans être vu.

A 7 heures, les troupes françaises se mettent à entourer le Château.

A 7 heures 30, un officier de chasseurs escorté d'un clairon portant un drapeau blanc, somme l'ennemi de se rendre : le commandant des troupes du Château refuse.

A 8 heures, le bombardement commence entre la Citadelle et le Château. La fusillade commence également.

Il y a des postes dans toutes les rues ; les factionnaires sont très rapprochés pour transmettre les ordres.

A 8 heures 30, on fait des barricades pour se protéger et pour prendre le Château. On en établit une devant chez nous (1), barrant complètement la rue et la promenade des Fossés : il y a une quarantaine de fantassins pour la défendre et la garder ; ces hommes font partie d'un régiment de marche.

A 9 heures 45, des turcos et des zouaves placés dans les greniers de la rue Derrière tiraillent sur le Château ; les Prussiens répondent, les balles sifflent de tous côtés. L'ennemi s'aperçoit depuis le Château du poste établi près de chez nous ; aussitôt il arrive une pluie de balles dans la cour ; quelques obus éclatent dans les jardins : nos fantassins s'abritent derrière les murs de jardin.

Vers 11 heures, on entend le bruit strident des mitrailleuses : ce sont deux mitrailleuses placées sur la Citadelle qui tirent pendant vingt minutes.

A 2 heures, on entend une vive fusillade du côté de Bethoncourt ; elle dure jusqu'à 3 heures et demie.

A 4 heures, on entend une vive fusillade du côté d'Audincourt ; elle dure jusqu'à 4 heures 45 minutes.

Vers 6 heures du soir, le sergent chef du poste de la barricade amène chez nous auprès du capitaine un homme qu'il vient d'arrêter. C'est un paysan portant un fouet qui prétend ne parler que le patois et habiter Dampierre-les-Bois. Ma mère chargée de l'interroger en patois, voyant qu'il ne connaît personne à Dampierre-les-Bois, dit au capitaine : « Faites le emmener, c'est un espion ». Sous bonne escorte l'homme est conduit au poste central sur la place d'Armes.

(1) Avenue des Fossés nº 8.

Toute la journée le canon et la fusillade se sont fait entendre en ville. Le temps est resté couvert et brumeux toute la
journée. Plusieurs obus ont été tirés depuis le Château sur les
Halles où étaient cantonnées de nos troupes ; quelques militaires ont été blessés. Les rues sont couvertes de débris de
tuiles. M. Chenu père a été tué près de la gare.

A la nuit, les soldats de notre barricade établissent leur
campement dans la loge du jardin de M. Edmond Sabler (1),
et leur poste dans la loge du jardin de M. Lecomte (2). Le
capitaine et le sous-lieutenant couchent chez nous.

Dans la soirée, le Château lance des fusées éclairantes sur
la Citadelle.

Mardi 17. — Dans la nuit la fusillade se fait entendre à
plusieurs reprises.

Vers 4 heures 30 du matin, on vient réveiller le capitaine
et le sous-lieutenant qui couchent chez nous.

A 6 heures, les troupes françaises abandonnent les barricades et quittent la ville.

A 7 heures 30, la canonnade et la fusillade commencent :
on tire depuis la Citadelle ; on tire depuis le Château.

A 8 heures 30, on aperçoit une fumée épaisse dans la direction de la Gare ; je crois que la Gare brûle : au bout d'une
heure on ne voit plus rien.

Vers 10 heures, la fusillade et la canonnade cessent.

Aujourd'hui le temps est pluvieux.

A 10 heures 30, le canon recommence à gronder sur la
Citadelle et au Château.

A 11 heures 30, le canon ne tire plus aussi fortement.

On entend quelques coups de fusil derrière la Citadelle et
au-dessus de Rose. On dirait qu'il y a des pièces d'artillerie
au-dessus de Rose et de la route de Dung.

A midi, tout cesse.

A midi 15, une fusillade très vive et très nourrie ainsi
qu'une canonnade très forte se font entendre derrière la
Citadelle. Depuis le Château, les artilleurs tirent rapidement
et les fantassins font des feux de peloton dans la direction
de la Citadelle.

_____

(1) Actuellement avenue des Fossés n° 4.
(2) Actuellement avenue des Fossés n° 6.

A 12 heures 45, la fusillade semble se diriger un peu plus bas, du côté de Bethoncourt. Toute la côte au-dessus de Sainte-Suzanne, de Rose et de Chenau est garnie de tirailleurs.

A 12 heures 50, des zouaves descendent depuis la maison de l'équarrisseur sur la route d'Allondans, les uns au bas les autres au haut de la rampe.

A 12 heures 53, la fusillade cesse ; on n'entend plus que l'artillerie.

A 12 heures 55, nos artilleurs français placent une pièce en d'ici de la maison de l'équarrisseur et tirent.

A 1 heure 5, on n'entend plus que quelques coups de fusil et de canon par-ci par-là.

A 1 heures 20, tout cesse.

C'était la ferme de la Soibrie qui brûlait ce matin. Pendant le feu, une compagnie de landwehr descendit en ville, pilla plusieurs bouchers et boulangers et principalement la boulangerie Berny ; en outre elle enleva deux bœufs à l'abattoir, et emmena toutes les vaches de la Soibrie ainsi que le bétail de M. Mettey, cultivateur au Coinot, que l'on avait conduit à l'abattoir pendant l'incendie. Des sentinelles et des postes prussiens qui avaient été placés dans quelques rues remontèrent au Château dans l'après-midi en ayant soin de se faire accompagner par des habitants pour les garder.

A 2 heures 15, le canon gronde fortement du côté de Bethoncourt et d'Allondans ; on entend le craquement strident des mitrailleuses.

A 2 heures 45, on entend le clairon français sonnant le ralliement au-dessus de Chenau.

A 3 heures, le canon gronde très fortement du côté de Bethoncourt ; on entend parfois la fusillade. Nous tenons toujours les côteaux.

A 3 heures 30, la canonnade redouble du côté de Bethoncourt et semble se rapprocher.

A 3 heures 45, le Château commence à tirer.

A 3 heures 50, des tirailleurs s'avancent par Sainte-Suzanne et s'embusquent derrière les maisons de ce village.

A 4 heures, le Château cesse de tirer ; mais le canon ronfle toujours derrière la Citadelle.

A 4 heures 45, des turcos traînant en ville, font prisonniers trois artilleurs prussiens qui osent s'avancer jusque sur la place de l'Enclos.

A 5 heures, le canon cesse de gronder derrière la Citadelle.

A 5 heures 15, des patrouilles de hulans parcourent les rues.

A 5 heures 30, des patrouilles de fantassins circulent dans les rues.

Une cinquantaine de landwehr se trouvent devant la Sous-Préfecture ; ils attendent du renfort pour patrouiller. Des officiers parcourent les rues.

A 6 heures, tout rentre dans le calme. On n'entend plus rien. Des civils amènent à l'hôpital des blessés sur une civière. Dans la soirée le Château lance des fusées.

Mercredi 18. — On n'a rien entendu dans la nuit.

A 7 heures, départ d'une compagnie de landwehr du côté de Courcelles.

A 7 heures 50, cette compagnie revient par le Canal.

Comme hier soir quelques civils ont aidé des turcos à s'emparer de trois artilleurs prussiens, le commandant de place frappe la ville d'une amende de cinquante mille francs ; et si pour une heure de l'après-midi la contribution n'est pas payée la ville sera bombardée.

Cinquante riches bourgeois sont convoqués ce matin à 8 heures à l'Hôtel-de-Ville pour donner l'argent nécessaire à former la somme de cinquante mille francs.

A 8 heures, on entend quelques coups de fusil du côté de Dung.

A 8 heures 15, le canon du Château commence à tirer ; il cesse vers 9 heures.

A 9 heures 50, le canon commence à ronfler derrière la Citadelle, du côté de Bethoncourt.

Dimanche dernier dans l'après-midi, pendant le fort de l'affaire, un détachement de Prussiens entre chez M. Fossard, boulanger rue de la Sous-Préfecture, et, sous prétexte que la fumée de son four à cuire gêne au tir de l'artillerie, ils l'emmènent au Château. M. Fossard est relâché ce matin.

A 10 heures 30, le canon cesse de gronder derrière la Citadelle.

Toute la matinée on a entendu des coups de fusil par-ci par-là.

Les bouchers n'ont plus de viande ; la plupart des boulangeries sont fermées. Plusieurs bourgeois évacuent la ville.

Dix prisonniers des Môles et quelques civils ont été réquisitionnés ce matin afin de creuser une fosse dans le pré du collège pour enterrer les morts des deux côtés tombés sur la Citadelle.

A 1 heure, les cinquante mille francs sont donnés.

Vers 1 heure 15, une compagnie de landwehr monte sur les côteaux Jouvans. Sur la Citadelle, il y a un va-et-vient continuel ; je crois qu'il y a là un poste de Prussiens. La Gare est remplie de troupes prussiennes arrivées dans la nuit. Dans l'après-midi, les Prussiens établissent des postes en ville. De nombreuses patrouilles parcourent la ville ; et pour plus de sécurité elles se font accompagner par des habitants.

A 2 heures 30, on entend la fusillade du côté d'Exincourt ; elle dure une dizaine de minutes.

A 2 heures 50, vive fusillade et canonnade du côté d'Audincourt et Seloncourt. On voit une fumée épaisse dans la direction d'Audincourt.

A 3 heures 10, la canonnade et la fusillade recommencent derrière la Citadelle.

A 4 heures, la canonnade du côté d'Audincourt semble se rapprocher.

A 4 heures 15, tout cesse derrière la Citadelle.

A 4 heures 30, la canonnade continue toujours du côté d'Audincourt.

A 5 heures 20, la canonnade redouble.

Elle recommence derrière la Citadelle.

A 6 heures, tout cesse des deux côtés. Tout rentre dans le calme.

A la tombée de la nuit on voit une lueur rougeâtre derrière la Citadelle ; c'est probablement un feu de bivouac.

Dans la soirée, le Château lance des fusées dans toutes les directions.

Dans la journée, des civils ont amené à l'ambulance de la Sous-Préfecture des blessés français qui avaient été recueillis dans plusieurs maisons du Faubourg ; les Prussiens ont également amené beaucoup de blessés : l'hôpital en est plein. Ce matin la ville a dû fournir trois cercueils pour des officiers ; ces cercueils ont été transportés au Château pour onze heures.

Jeudi 19. — On n'a rien entendu pendant la nuit.

A 7 heures 15, malgré un brouillard assez épais, le canon du Château commence à tirer ; il tire dans toutes les directions, principalement derrière les coteaux Jouvans : c'est probablement pour sonder le terrain.

A 8 heures 15, deux compagnies de landwehr montent sur la Citadelle.

A 8 heures 45, une compagnie de landwehr descend les coteaux Jouvans et rentre en ville.

A 9 heures, le Château cesse de tirer. Il arrive par le Canal une compagnie de landwehr qui prend des bois dans la scierie de M. Piquet pour barricader le Grand-Pont.

Une compagnie de landwehr forme les faisceaux sur la place d'Armes ; les hommes attendent.

A 10 heures, plusieurs civils, suivis par des ambulances et des voitures avec de la paille escortées par des soldats se dirigent vers le Faubourg.

A 10 heures 30, passage de deux batteries de pièces en acier ; elles vont du côte de Sainte-Suzanne.

Des Prussiens amènent depuis le Parc une vingtaine de prisonniers français.

La ville est très animée, on ne rencontre que des patrouilles de hulans et de fantassins ; on voit des soldats de l'active et de la landwehr de plusieurs régiments différents ; il y a des postes partout. C'est horrible de voir la ville : les rues sont couvertes de débris de tuiles, toutes les maisons ont souffert, des cheminées abattues, des toitures détruites ou fortement endommagées, des traces de balles partout, quelques maisons traversées par des obus ; la ferme de la Soibrie est complètement brûlée. La batterie du Parc nous a fait bien du mal pendant le bombardement.

C'est effrayant de voir le remue-ménage qu'il y a en ville : de tous les côtés on amène des morts et des blessés ; l'hôpital et la Sous-Préfecture regorgent de blessés français et prussiens ; le Faubourg est garni de blessés français.

Dans la cour du Collège, on ne fait qu'enterrer ; on creuse de grandes fosses, et il y a des monceaux de cadavres.

On ne sait où donner de la tête. Les Prussiens emmènent leurs blessés qui peuvent supporter le voyage.

Il y a des troupes en quantité sur les coteaux au-dessus du Cimetière, au Parc et à la Prairie ; on dit qu'elles sont au nombre de quinze mille.

Chose curieuse, on n'entend plus le canon de Belfort depuis quatre jours : serait-il débloqué ?

A 1 heure, on entend une vive fusillade et la canonnade du côté de Dung. A 2 heures 15, tout cesse ; on n'entend plus rien.

On protège la retraite de nos soldats Français.

Cet après-midi, le Conseil Municipal est forcé d'assister à l'enterrement d'un landwehr qui a eu les deux oreilles mangées par un turco.

Il paraît que, lundi dernier, notre batterie d'artillerie établie dans les sapins de la Citadelle a passablement souffert ; plusieurs artilleurs ont été tués ou blessés.

Les morts que l'on enterre dans la cour du Collège, sont français.

On parle d'un combat à la baïonnette qui a eu lieu dans la journée près de l'usine de La Roche ; ce combat aurait duré près d'une heure et il y aurait plusieurs blessés.

Nous avons une ambulance française à Sainte-Suzanne.

Les voitures d'ambulance ont circulé toute la journée pour le transport des blessés. Aujourd'hui il a neigé ; le temps est couvert. Un homme a dû prendre une brouette pour enlever le sang gelé à la Sous-Préfecture. Des Prussiens ont pillé chez M. Roux à la Prairie et dans les cités ouvrières. On a enterré un officier allemand.

A la nuit, la compagnie de landwehr se trouve encore sur la place d'Armes. Dans la soirée il arrive des troupes qu'on loge chez les habitants.

Vendredi 20. — A 7 heures 30, il passe, se dirigeant du côté de Sainte-Suzanne, une quantité de landwehr, de cavalerie et d'artillerie ; le défilé dure jusqu'à 9 heures 15. Il y a bien dix mille hommes.

Ce matin, le commandant de place fait demander quatre-vingts bois de lit, et si, pour quatre heures, ils ne sont pas fournis, la ville sera livrée au pillage.

Vers 9 heures 20, un grand nombre de voitures d'ambulance se dirigent vers Sainte-Suzanne ; elles suivent probablement les troupes qui viennent de passer.

Le Collège est converti en ambulance.

On a descendu des blessés du Château.

On continue à enterrer les morts dans la cour du Collège.

Il y a plusieurs voitures d'ambulance sur la place Saint-Martin.

Sur la place d'Armes il y a une batterie de six pièces en

bronze avec les caissons et des fourgons. Dans la cour des Halles, il y a plusieurs voitures de paille pour le transport des blessés.

On amène toujours des blessés depuis Bethoncourt, Sainte-Suzanne et la Citadelle. On ne voit circuler que voitures de blessés et ambulances.

Les habitants sont tristes, mornes et consternés.

La plupart des magasins sont ouverts ; tous étaient fermés depuis vendredi treize courant.

5 heures, trois compagnies de landwehr sont réunies sur la place d'Armes pour les postes.

Depuis midi quarante-cinq jusqu'à la nuit, le canon a grondé sans discontinuer dans la direction de Dung et de Sainte-Marie ; vers quatre heures la canonnade a semblé se rapprocher.

A 9 heures du soir, une cinquantaine de prisonniers français mourant de faim sont conduits au Château.

Samedi 21. — On voyait, cette nuit, des fusées dans la direction de Belfort.

A 7 heures 30, arrivée d'un bataillon des 1er, 2me et 3me régiments de landwehr ; les hommes sont logés chez les habitants.

Vers huit heures, on descend du Parc dans la cour de la gare trois gros obusiers et deux pièces de 24 en fonte.

A 11 heures, passage de cent cinquante prisonniers français environ.

L'ambulance de la Sous-Préfecture étant au complet, les Prussiens mettent leurs blessés chez les habitants de la rue Derrière et de la rue de la Sous-Préfecture ; il y a des maisons qui ont jusqu'à six blessés. Les ambulances continuent à circuler, et les voitures de blessés à arriver.

Depuis le Cimetière, on entend quelques coups de canon du côté de Belfort.

A 2 heures, les cinq grosses pièces d'artillerie qui se trouvent dans la cour de la gare partent du côté de Sochaux.

A 3 heures, enterrement de quatre Prussiens.

On commence à exhumer les civils enterrés dans la cour du Collège, pour les transporter au cimetière.

On creuse une grande fosse aux Môles, dans l'emplacement du nouveau cimetière, pour enterrer les morts de la Citadelle,

Dans la journée, le commandant de place a fait publier

l'avis suivant : « Quiconque a des fusils à aiguille ou des chassepots, est sommé de les porter à la Mairie, car des perquisitions seront faites. »

Dimanche 22. — On n'a rien entendu pendant la nuit, mais on voyait des fusées du côté de Belfort. On amène toujours des blessés et les voitures d'ambulance continuent à circuler ; on ne voit que civières de blessés et de morts.

Tous les cercueils de l'hôpital étant épuisés, on est obligé d'enterrer nos soldats sans cercueil ; aux Prussiens, il leur faut des caisses : on les enterre tous au nouveau cimetière des Môles.

L'ambulance du Collège est spécialement réservée pour les blessés français. Au Château il y a une ambulance pour les Prussiens qui y ont été blessés pendant le bombardement. Les environs sont remplis de troupes prussiennes ; le général Bredow est ici avec son état-major. A 3 heures, vente de deux chevaux de hulans.

Des patrouilles circulent toujours dans les rues, et les hulans font des reconnaissances soir et matin.

Quelques mots sur la bataille de Montbéliard :

Dimanche dernier, vers 3 heures 15, lorsque ça chauffait très fortement et que les Français étaient sur le point d'entrer en ville, les postes prussiens se mettent à se sauver ; la plupart des hommes montent au Château, les autres jettent leur fusil pour se faire prendre, d'autres enfin restent en arrière ou se cachent. C'était comique de les voir fuir de tous côtés, jeter leurs armes à terre et se rendre lâchement aux turcos en les saluant. Le même jour dans l'après-midi, un grand nombre de soldats du 43ᵉ régiment de landwehr battaient en retraite dans la direction de Sochaux ; effrayés et croyant être poursuivis par les Français, ils ne purent être ralliés par leurs officiers qu'à Nommay. Le soir du même jour, il y avait aussi en ville des soldats de la légion étrangère, et un détachement du génie avec des fourgons. Le général Peytavin, commandant les troupes était logé au Faubourg dans la maison du Maire ; un soldat du génie montait la garde à sa porte.

Pendant le bombardement de lundi dernier, lorsque nos soldats tiraient depuis les greniers sur le Château, le général Peytavin resta longtemps exposé à la mitraille, sur le toit de chez M. Schom à la rue Derrière-Dessous, pour voir les positions du Château.

Mardi dernier, lorsque le feu prit à la Soibrie, les pompiers accoururent et mirent leurs pompes en place, mais aussitôt une grêle de balles et d'obus fondit sur eux depuis le Château, et les força à se tenir derrière le Collège. Heureusement que personne ne fut atteint ; les Prussiens s'opposaient à l'extinction du feu. Depuis ce moment-là plusieurs civils ont disparu, entre autres des pompiers.

Mardi dernier, à la tombée de la nuit, lorsque les hulans parcouraient la ville, un chasseur retardataire s'était caché près de chez Mᵐᵉ Sahler dans la petite ruelle qui va du Faubourg à la rue des Potiers. Deux hulans viennent à passer au grand trot, l'un d'eux glisse et roule avec son cheval et comme il ne peut se débarrasser, son compagnon met pied à terre et vient à son aide, pendant ce temps le chasseur saute sur le cheval de ce dernier et se sauve du côté de Sainte-Suzanne. Ce même jour, neuf soldats français dont un sergent s'étaient réfugiés à l'abattoir ; une patrouille prussienne passe et nos neuf soldats vont se rendre lâchement le képi à la main : c'étaient des traînards.

Lundi 23. — On n'a rien entendu pendant la nuit, mais on voyait des fusées dans la direction de Belfort.

Les Prussiens tuent de nouveau à l'abattoir, et les voitures de viande circulent comme auparavant. A 11 heures 30, deux Prussiens amènent au Château un zouave de Dung ; il est mort-ivre et est accompagné par sa mère et ses sœurs. Ce zouave s'est laissé prendre après avoir tué deux hulans.

A 2 heures, départ du côté de Belfort, de six compagnies de landwehr avec la batterie complète des six pièces de canon qui se trouvent sur la place, et un escadron de hulans ; seize voitures chargées de pain et de viande les suivent. A 3 heures, enterrement de huit Prussiens morts dans les ambulances ; à ces messieurs il faut des caisses, tandis qu'on enterre les nôtres sans rien.

A 3 heures 30, on descend les pièces de canon du Château, même les deux grosses pièces de 24 ; toutes ces pièces escortées par trois compagnies de landwehr se dirigent du côté de Belfort. Quelques instants après des voitures chargées de vingt-cinq fourneaux descendent du Château avec quelques voitures de vivres ; toutes prennent la même route que les pièces de canon.

Le commandant de place fait prévenir le Conseil Municipal

qu'à la moindre arrivée des Français, il bombardera la ville.

Plusieurs obus prussiens n'ont pas éclaté ; on en a trouvé un qui pèse quarante-huit livres.

Toute la journée on a entendu la canonnade du côté de L'Isle-sur-le-Doubs.

Mardi 24. — On n'a rien entendu pendant la nuit.

A 8 heures, vingt voitures couvertes renfermant un peu de paille, sont réunies dans les rues de la Sous-Préfecture et du Château. A 9 heures 15, ces vingt voitures chargées de soixante blessés se dirigent du côté de Sochaux ; les Prussiens emmènent jusqu'aux amputés pour faire de la place.

A 9 heures 30, les Prussiens conduisent à la Grande-Boucherie douze bœufs qu'ils vont abattre pour la journée.

Ce matin le commandant de place apporte au Conseil Municipal un ordre du général Treskow commandant sous Belfort ainsi conçu : « Le canton de Montbéliard est frappé d'une amende de deux millions, payables le quatre février ; la ville de Montbéliard est responsable du paiement ». Nous avons la charge de tous les blessés tant français que prussiens ; d'ailleurs nos blessés français sont prisonniers, et on leur doit une demi-livre de viande et un litre et demi de vin par homme. Remarquons qu'il y a plus des trois quarts des blessés qui ne peuvent avaler une goutte de vin.

A 3 heures 30, arrivée par Sochaux de deux compagnies de landwehr et de la batterie d'artillerie qui se trouvait sur la place d'Armes. A 5 heures 30, départ de huit voitures de viande et de pain du côté de Sochaux. Toujours le même mouvement de voitures d'ambulance et de voitures de blessés. Nous avons depuis quelques jours une ambulance de Bâle avec douze voitures d'ambulance. Toute la journée le canon de Belfort a ronflé ; il y avait des roulades épouvantables.

Mercredi 25. — Toute la nuit on a entendu le canon de Belfort ; les détonations étaient assez faibles. A 8 heures 30, les Prussiens conduisent à l'abattoir quinze bœufs à tuer pour aujourd'hui. A 3 heures, enterrement de quatre prussiens morts à l'ambulance de la Sous-Préfecture. Chaque jour il meurt de nos pauvres soldats français. A 3 heures 30, une quinzaine de landwehr amènent au Château soixante prisonniers français parmi lesquels il y a des fantassins, des mobiles, des chasseurs, des hussards et des civils. Les postes prussiens sont reformés comme auparavant. La place Saint-Martin est complètement vide. Sur la place d'Armes il y a une batterie d'artillerie complète et deux voitures d'ambulance. On a entendu le canon de Belfort pendant toute la matinée.

A 6 heures, on charge huit voitures de viande et de pain.

Depuis quelques jours nous avons un blessé français à la maison. Les soldats prussiens logés chez nous sont très prévenants pour lui : ils lui offrent à boire dans leur gourde et vont même jusqu'à astiquer les boutons de sa veste.

Jeudi 26. — On n'a rien entendu pendant la nuit.

A 8 heures 30, départ du côté de Sochaux, d'une compagnie de landwehr, de soixante hulans, de quatre pièces en bronze avec quatre caissons, et d'une dizaine de voitures de réquisition.

A 8 heures 45, départ, dans la même direction d'une soixantaine de landwehr, d'une quarantaine de hulans et de neuf officiers.

A 11 heures 30, toutes les troupes parties ce matin du côté de Sochaux reviennent avec les canons, les caissons et les voitures.

A 6 heures, arrivée par Sochaux d'une compagnie de landwehr.

A 6 heures 30, arrivée de Messieurs de Mulhouse avec plusieurs voitures de vivres pour les pauvres de la ville.

Toute la journée le canon de Belfort a grondé ; les détonations n'étaient pas bien fortes, mais les coups étaient très répétés.

Vendredi 27. — Toute la nuit le canon de Belfort a ronflé ; on entendait des bordées de six à huit coups, les détonations étaient fortes et les coups se succédaient avec une rapidité prodigieuse.

A 8 heures 30, départ de plusieurs voitures de vivres et de munitions du côté d'Arcey.

Il paraît que le Château n'avait que pour neuf jours de vivres et quatre jours de munitions au moment de la bataille de Montbéliard. Les Prussiens font une barricade près de la vieille filature. On enterre chaque jour des soldats français et prussiens au cimetière des Môles. L'ambulance bâloise rend de grands services ; ses douze voitures sont continuellement en route.

Les dix mille hommes passés en ville, vendredi dernier, ne sont pas revenus, il paraît qu'ils ont passé le Doubs.

A 6 heures, on charge de la viande et du pain sur des voitures.

A 3 heures 45, on conduit quinze prisonniers français au Château.

Trois voituriers sont partis dans la journée avec des voitures pour ramener les vivres donnés par la ville de Mulhouse.

Ce matin, jusqu'à neuf heures, on a entendu le canon de Belfort.

Dernièrement des Prussiens ont amené en voiture au Château, M. Charplot le père du tuilier de Bart. Pendant le combat de Bart, cet homme avait désarmé et presque assommé d'un coup de crosse de fusil un Prussien à qui il avait refusé une voiture pour se sauver plus vite, et qui avait traversé d'un coup de fusil le bras de sa petite fille. Ce vieux brave, âgé de plus de quatre-vingts ans, médaillé de Sainte Hélène, a fait la campagne de Russie et a été prisonnier en Sibérie. Le commandant de place, après l'avoir interrogé, l'a renvoyé en lui disant : « Je n'admets pas qu'un jeune soldat allemand se laisse désarmer par un vieillard de votre âge. »

Samedi 28. — Le canon de Belfort a grondé toute la nuit ; c'étaient des roulades d'une sixaine de coups, très fortes et se succédant rapidement ; dans l'intervalle de deux roulades on entendait des coups moins forts.

Aujourd'hui le marché est très petit.

Les Prussiens continuent à tuer des bœufs à l'abattoir. Il y a le même train de voitures qu'auparavant ; des voitures stationnent devant l'abattoir et les boulangeries. Les voitures d'ambulance circulent toujours. Le magasin des vivres se trouve dans la gare des marchandises, où des hommes voleurs vendent aux civils des vivres à vil prix : un baquet de légumes secs pour dix sous, un sac de cent kilogs de café pour trois thalers, une miche de pain pour quatre sous, etc.

A midi, les Prussiens emballent un convoi de blessés français pour la Prusse.

A 2 heures, tous les contribuables se réunissent à l'église Saint-Martin pour donner leur avis sur la contribution de guerre de deux millions. Le Conseil Municipal ne voulant pas prendre sur lui seul une telle responsabilité expose la situation, puis les contribuables désignent une Commission de douze membres chargée d'exposer au général Werder la situation de la ville qui ne peut rien donner.

A 4 heures, des Prussiens conduisent soixante prisonniers français au Château.

Toute la journée le canon de Belfort a fortement ronflé.

A 6 heures 15, arrivée d'une batterie bavaroise de six pièces de canon en bronze. Cette batterie est placée dans la cour des Halles.

Dimanche 29. — Le canon de Belfort a grondé très fortement toute la nuit.

On commence à renforcer les postes ; les factionnaires deviennent très sévères.

A 1 heure 30, enterrement de douze Prussiens dont quatre officiers ; tous les hulans, en grande tenue, accompagnent le convoi funèbre.

A 3 heures, un grand nombre de voitures sont chargées de vivres dans la cour de la gare des marchandises.

A 3 heures 30, des Prussiens conduisent au Château quarante prisonniers français.

A 5 heures 30, une vingtaine de voitures chargées de vivres sont prêtes à partir du côté d'Arcey.

Toute la journée le canon de Belfort a grondé.

Aujourd'hui il est mort six de nos soldats à l'ambulance du Collège.

Comme il y a trop de blessés à l'ambulance de Sainte-Suzanne, on va en conduire une centaine à Audincourt ; on a commencé aujourd'hui à en emmener une vingtaine.

Lundi 30. — Toute la nuit le canon de Belfort a grondé aussi fortement que les nuits précédentes.

Aujourd'hui, la foire est très petite ; il n'y a presque rien.

A 8 heures, dix-huit voitures couvertes attendent devant l'hôpital pour charger des blessés.

A 9 heures 15, départ de deux compagnies de landwehr du côté d'Audincourt.

A 9 heures 30, départ sur Sochaux de dix huit voitures de blessés français et prussiens.

10 heures, il paraît qu'il y a armistice. Tous les postes sont levés et on peut circuler partout ; malgré cela on entend toujours Belfort.

Les bouchers continuent à abattre des bœufs à l'abattoir ; et il y a toujours la même procession de voitures devant l'abattoir et les boulangeries.

A 10 heures 30, les deux batteries d'artillerie, la bavaroise et la prussienne, partent du côté de Sochaux.

De une heure de l'après-midi jusqu'à cinq heures, on a distribué aux pauvres de la ville huit cents miches de pain données par les villes de Mulhouse et d'Altkirch.

Tout l'après-midi il y a eu dans la cour de la gare des marchandises une quantité de voitures couvertes chargeant ou amenant des vivres.

Les Prussiens amènent douze voitures de blessés dans l'après-midi.

On enterre cinq Prussiens.

A 6 heures, une cinquantaine de voitures couvertes chargées de caisses et de sacs couvrent la place d'Armes ; ces voitures venant de Prusse sont escortées par des détachements de plusieurs régiments de landwehr. Les conducteurs ont l'air de véritables brigands.

Le général Bredow est resté à Montbéliard jusqu'à la fin de la semaine dernière. Le général Treskow est arrivé aujourd'hui.

Le canon de Belfort s'est fait entendre toute la journée.

Mardi 31. — Toute la nuit le canon de Belfort a ronflé sans discontinuer.

A 8 heures 30, départ du côté de Sainte-Suzanne des cinquante voitures couvertes qui se trouvent sur la place d'Armes.

A 8 heures 45, ces voitures reçoivent contre-ordre et reviennent sur leurs pas.

A 9 heures, ces cinquante voitures réunies à une centaine de voitures pareilles qui se trouvent dans la cour de la gare des marchandises, se dirigent vers Sochaux ; elles sont escortées par des hulans et par des détachements de plusieurs régiments de landwehr. La route de Sochaux en est couverte.

Tous les postes sont levés ; on peut circuler partout.

La Commission des douze membres désignés par les contribuables, se réunit pour terminer sa pétition.

Par ordre prussien, l'ambulance du Bourbonnais doit quitter Sainte-Suzanne aujourd'hui.

Il arrive de Prusse quarante-huit voitures de vêtements pour les soldats.

Le canon de Belfort a grondé toute la journée.

FÉVRIER 1871

Mercredi 1er février 1871. — Toute la nuit le canon de Belfort a tonné.

A 10 heures, arrivée d'un escadron de hulans.

A 1 heures 30, arrivée à l'ambulance de la Sous-Préfecture, de trois voitures de blessés français dans l'ambulance du Midi ; ces blessés viennent de l'Isle-sur-le-Doubs.

A 2 heures, revue des chevaux, des cavaliers et des fantassins ; la revue dure jusqu'à 3 heures.

A 4 heures, arrivée de nouveaux blessés.

A 5 heures, une soixantaine de hulans réunis sur la place de l'Enclos, partent en reconnaissance dans toutes les directions.

Le canon de Belfort a très fortement ronflé toute la journée.

Comme tous les postes sont levés, et qu'on peut circuler partout, j'en ai profité, depuis samedi jusqu'à aujourd'hui, pour parcourir le champ de bataille des environs.

Les fermes du Parc et de la Grange-la-Dame ont été entièrement pillées.

Un peu en avant du bois de sapins, les Prussiens avaient leurs retranchements : un long fossé, assez profond servait de redoute aux tirailleurs ; derrière ces redoutes se trouvaient les retranchements de l'artillerie formés de terrassements, de fascines et de gabions ou grands paniers cylindriques remplis de terre. Il y avait un grand retranchement d'une cinquantaine de mètres de longueur pour les grosses pièces, et d'autres petits retranchements isolés pour une seule pièce ; aux deux extrémités du grand retranchement se trouvait une cave pour les munitions, et en avant de ce retranchement il y avait deux grandes masses de terre de trois mètres de hauteur entourées de branches tressées comme un panier. Comme pièces, il y avait trois obusiers de 24, deux canons de 24, et quatre pièces de 8 ; toutes ces pièces donnaient du côté du Mont-Chevis et du Bois Bourgeois. Le bois de sapins était criblé par nos pièces, des sapins étaient

entièrement coupés par les obus ; on y trouvait encore des
sacs et des shakos de Prussiens. Des obus français destinés
à la batterie du Parc, étaient passés au-dessus, et étaient
venus labourer un versant de la Chaux.

Sur la lisière du Bois Bourgeois nos artilleurs avaient placé
leurs pièces ; il y avait un retranchement en terre pour chaque pièce, et leur nombre était de trente-cinq ; ces pièces
croisaient leurs feux avec huit autres placées le long de la
route sur le bord du verger du Mont-Chevis : toutes donnaient sur le Parc. Dans la forêt, en arrière des canons, des
branches et des arbres étaient coupés par les obus et les
boulets prussiens. Dans le Bois Bourgeois, environ soixante-
dix chevaux de notre artillerie étaient étendus sur le car-
reau ; presque tous étaient atteints aux fesses avec des
blessures de la grosseur de la tête. Le bois était couvert de
sacs, de képis d'artilleurs, de fantassins, de chasseurs, de
mobiles, de mobilisés, de francs tireurs et de culottes de
zouaves ; les champs en avant du Mont-Chevis, du côté de
Bethoncourt, en étaient également couverts. Nos soldats
français avaient campé dans le bois et dans le pré de la Ville ;
là ils avaient laissé des gamelles encore pleines de soupe,
des quartiers de viande, des capotes, des pantalons, des
caleçons, des mouchoirs, des chemises, des cravates, des
chaussettes, des souliers, des guêtres, des bois de tente, des
toiles de tente, des couvertures, des gourdes, des sacs, des
képis, des cartouchières, des fusils et des sabres ; les fusils
et les sabres n'étaient pas nombreux car ils avaient été
ramassés par les pauvres gens qui allaient au bois. En avant
du Mont-Chevis et du côté de la prison des Môles, il y avait
des retranchements pour six mitrailleuses donnant sur le
Parc ; là aussi plusieurs braves y avaient laissé leur peau.
Les champs autour des mitrailleuses renfermaient plusieurs
morts ; vingt-deux Français étaient enterrés à côté de la
ferme du Mont-Chevis. Il y avait une nuée de corbeaux dans
le Bois Bourgeois et le pré de la Ville. Toute la prairie depuis
le Mont-Chevis jusqu'à Dung était couverte de débris de
soldats ; en se rapprochant de ce village on trouvait de
nombreuses défroques de Prussiens. Dans les prés au-dessus
de Sainte Suzanne en allant vers Dung il y avait beaucoup
de sacs et de shakos de Prussiens, et des chevaux. Les bois
de Dung et de Sainte-Suzanne étaient couverts de débris
prussiens, on y voyait quelques képis français seulement.

Dans le combat du 15 janvier, quelques Prussiens tués avaient roulé en bas du bois de Sainte-Suzanne jusqu'au village. Dans les vignes de Rose il y avait une quantité de débris prussiens et français. Au-dessus de Chenau un grand mur avait été crénelé par nos Français et abritait des soldats tirant sur la Citadelle ; le bas de ce mur et la colline étaient criblés de trous de projectiles prussiens. Des Prussiens en grand nombre avaient été tués vers le bois, les prés et la route de Dung ; on y trouvait encore leurs casques et leurs sacs. Tous les morts avaient été enterrés sur place, de sorte que les environs de Montbéliard ne formaient qu'un vaste cimetière.

Jeudi 2. — On n'a rien vu, rien entendu pendant toute la nuit.

Hier soir à 8 heures 30, sont arrivés de l'Isle-sur-le-Doubs, deux bataillons de landwehr et une batterie d'artillerie ; quelques hommes étaient blessés, tous ont été logés chez les habitants et au Château pendant la nuit.

5 heures du matin, départ du côté de Sochaux de la batterie d'artillerie arrivée hier soir.

A 7 heures, les deux bataillons de landwehr arrivés hier soir partent du côté de Belfort.

A 7 heures 45, l'escadron de hulans arrivé hier matin part du côté de Belfort.

A 9 heures 50, départ de huit voitures couvertes du côté de Sainte-Suzanne.

Deux grandes voitures de pillards chargées des meubles de la Sous-Préfecture partent pour la Prusse.

A 1 heure 15, passage de deux batteries d'artillerie venant de Sainte-Suzanne et se dirigeant sur Sochaux.

Les trois voituriers partis dernièrement pour Mulhouse, sont revenus hier avec des vivres de toutes espèces.

A 2 heures, on distribue aux pauvres de la ville quatre cents miches de pain de seigle données par les villes de Mulhouse et d'Altkirch.

A 5 heures, les artilleurs partis ce matin à cinq heures reviennent sans leurs pièces ; ils sont logés chez les habitants.

A 5 heures 15, une cinquantaine de hulans avec quelques voitures de réquisition arrivent par Sochaux.

Toute la matinée jusqu'à 10 heures on a entendu le canon de Belfort.

Les Prussiens disent qu'une dépêche arrivée au Château à trois heures annonce la reddition de Belfort. On peut toujours circuler partout ; il n'y a plus de postes, ils étaient même levés devant les ambulances, mais depuis aujourd'hui des infirmiers montent la garde avec leur sabre devant les ambulances.

La nuit précédente les Prussiens ont fait un bruit sans pareil ; la plupart ne se sont pas couchés, car ils attendaient des ordres.

A 6 heures 15, arrivée de deux compagnies d'infanterie ; ce sont des infirmiers et des ouvriers du service des subsistances.

Vendredi 3. — Je n'ai rien entendu pendant la nuit.

A 9 heures 30, arrivée de sept voitures de blessés.

Tous les jours il meurt des soldats français à l'ambulance. Hier on a enterré quatre Prussiens ; on est obligé de leur fournir des caisses peintes en noir dans lesquelles on place deux morts. Quant à nos pauvres Français, on les emporte aux Môles, à l'insu de tous, sur une civière couverte.

Il y a toujours le même train de voitures devant l'abattoir ; on emmène de la viande dans toutes les directions ; les Prussiens tuent de vingt à vingt-quatre bœufs par jour.

A 2 heures, tous les contribuables se réunissent de nouveau à l'église Saint-Martin ; la pétition adressée au roi de Prusse et rédigée depuis mardi, est lue et envoyée : il est bien décidé qu'on ne donnera rien.

A 3 heures 30, arrivée de cinquante-six voitures venant de Mulhouse ; ces voitures sont chargées de miches de pain, de sacs, de tonneaux et de caisses de biscuits de Marseille qu'ils nous ont pris.

A 4 heures, arrivée de soixante prisonniers français venant de l'ambulance de Clerval ; il y a des soldats de tous les corps et même quelques civils : la plupart d'entre eux sont sur des voitures. Certaines personnes des villages environnant Belfort assurent qu'on n'a pas entendu le canon pendant la nuit dernière, mais qu'une forte fusillade a duré une grande partie de la nuit. Depuis les hauteurs on a entendu le canon de Belfort pendant une partie de la journée.

Samedi 4. — On n'a rien entendu pendant la nuit.

A 8 heures, départ vers Sainte-Suzanne de cinquante-six voitures arrivées hier après midi.

Depuis que les Prussiens sont ici, le marché n'a pas été encore aussi gros qu'aujourd'hui ; il y a beaucoup de monde et l'on vend même de la volaille et du poisson.

Il y a toujours la même procession de voitures devant l'abattoir et les boulangeries ; on rencontre beaucoup de voitures chargées de peaux de bœuf, de viande, de pain et de bonbonnes d'eau-de-vie. Les bouchers prussiens continuent à vendre les têtes et les tripes des bœufs qu'ils tuent ; pour éviter d'être dérangés dans leur travail, ils viennent d'afficher à la porte de l'abattoir que cette vente ne commencera chaque jour qu'à partir de onze heures du matin.

Matin et soir, les hulans partent en reconnaissance.

On n'a pas entendu le canon de Belfort dans la journée ; il paraît que depuis les hauteurs on l'a entendu toute la nuit dernière et toute la journée.

Dimanche 5. — On n'a rien entendu pendant la nuit.

A 8 heures, départ du côté de Besançon d'une compagnie du 1er régiment de landwehr avec quelques voitures de vivres. Il y a plusieurs paysans avec des paniers devant l'abattoir ; ils attendent pour acheter des têtes et de la tripaille de bœufs.

A 2 heures, arrivée de quatre cents soldats français faits prisonniers vers Pontarlier et à l'ambulance de Clerval ; les plus blessés se trouvent sur trois voitures. Il y a plusieurs officiers, et parmi les soldats on voit des lanciers, des chasseurs à cheval, des artilleurs, des mobiles, des fantassins, des chasseurs, des turcos, des zouaves et de la légion étrangère ; ils sont conduits par quelques hulans et des landwehr. Ils s'arrêtent environ un quart d'heure sur la Place et les bonnes gens s'empressent de leur porter à boire et à manger ; ils montent au Château, et plusieurs descendent en ville où ils sont logés par billets de logement. Il paraît qu'ils vont être renvoyés car ils ont été faits prisonniers pendant l'armistice.

A 2 heures 30, passage de soixante-douze voitures de vivres venant de Mulhouse et se dirigeant du côté de Sainte-Suzanne.

Il n'y a plus beaucoup de Prussiens en ville ; les hulans montent la garde à la porte du Château et au magasin de la gare des marchandises. Sur la Place, il y a environ une cinquantaine de voitures à échelles, les unes vides, les autres chargées de pain. On n'a pas entendu le canon de Belfort dans la journée ; mais depuis les hauteurs on entendait des roulades parfois assez fortes.

Le soir vers dix heures on a entendu une quantité de voitures trotter sur la route de Sochaux ; elles ont traversé la ville et leur défilé a duré près d'une heure.

Lundi 6. — On n'a rien vu, rien entendu pendant la nuit.

A 9 heures, départ des cinquante voitures à échelles qui se trouvent sur la Place ; ces voitures escortées par des hulans et des landwehr se dirigent sur Sochaux.

Les officiers français amenés hier sont remis en liberté ce matin ; ils sont renvoyés sur Besançon. Les soldats sont encore ici, et le colonel commandant de Place en a retenu la plus grande partie au Château, de peur qu'ils ne se révoltent avec la population. Pendant toute la matinée une quantité de voitures couvertes sont réunies dans la cour de la gare des marchandises, les unes chargent des vivres, les autres en amènent.

Il y a toujours le même train de voitures devant l'abattoir et les boulangeries.

A 2 heures 30, arrivée de cinq voitures de blessés français et prussiens.

L'armistice est signé pour toute la France. On publie que les électeurs sont convoqués demain pour voter si l'on doit continuer la guerre : le résultat des votes sera envoyé au gouvernement français.

On n'a pas entendu le canon de Belfort dans la journée ; mais depuis les hauteurs on entend faiblement et à de longs intervalles de grandes bordées.

Mardi 7. — Hier soir, de 8 heures à 9 heures, le canon de Belfort a tonné sans discontinuer, c'étaient des roulades épouvantables ; toute la nuit il a ronflé.

Ce matin, le colonel Bredow en se promenant dans la rue des Febvres aperçoit deux soldats français malades qui fumaient devant chez M. Marchal le marchand de fromages ; aussitôt il leur arrache leurs pipes de la bouche, et les casse, puis il les renvoie au Château en leur disant que leur place serait pour des soldats plus malades qu'eux.

A 9 heures 30, arrivée de huit voitures de vivres de la Suisse pour la ville ; il y a des vivres de toutes espèces dans l'église Saint-Martin.

Hier à midi arrivée d'un ordre formel du général Werder

prescrivant à la ville de Montbéliard de donner 350,000 francs pour 6 heures du soir. Le Conseil Municipal aussitôt réuni, se mit à discuter sur la question ; il était au désespoir lorsqu'à trois heures et demie la nouvelle de l'armistice est arrivée : les trois cent cinquante mille francs en sont là.

Les bouchers prussiens tuent maintenant vingt à trente bœufs par jour.

Toute la journée on voit circuler des voitures chargées de viande et de pain se diriger de tous côtés.

Il n'y a plus de landwehr en ville ; ce sont des hulans qui montent la garde.

Il y a toujours des voitures dans la cour de la gare des marchandises.

Dans la cour de la gare des voyageurs, il y a une trentaine de voitures couvertes, vides, venues de Prusse. Il y a quinze voitures sur la place Saint-Martin.

A 3 heures 30, arrivée d'une cinquantaine de pionniers du 7e régiment ; ils sont logés au Faubourg. Toute la journée le canon de Belfort a grondé, les détonations étaient très fortes ; on entendait aussi la fusillade.

Mercredi 8. — Toute la nuit le canon de Belfort a tonné ; les détonations étaient très fortes malgré le vent qui soufflait avec violence.

Hier les électeurs ont voté pour ou contre la continuation de la guerre : il n'y a eu que six cents votants. Les Prussiens paraissaient assez contents. Cela n'empêche pas qu'il y a eu quelques troubles : ainsi le journaliste Morlot voulait soulever le peuple en faveur de la guerre, mais on lui administra une bonne volée.

Aujourd'hui on vote pour la nomination des membres de la Constituante.

A 8 heures 30, départ de vingt-deux voitures vides du côté de Sochaux.

Des voitures chargées de viande à l'abattoir partent dans toutes les directions.

A 1 heure 45, arrivée par Audincourt d'une batterie de six pièces en acier avec ses caissons et ses fourgons. Elle est suivie de huit voitures de réquisition chargées de tonneaux et de sacs, d'une voiture de chassepots, de sacs et de débris français, d'une voiture de lances, de sabres ; une vache suit ce convoi. La batterie est placée sur la place d'Armes.

L'ambulance Suisse de Bâle est toujours ici, ainsi que l'ambulance du Midi ou de Marseille.

Toute la journée le canon de Belfort a ronflé avec intensité.

Jeudi 9. — Toute la nuit le canon de Belfort a grondé ; des détonations très fortes se succédaient coup sur coup. Ordinairement vers 6 heures ou 6 heures et demie du matin le canon semble cesser pour recommencer de plus belle vers 7 heures ou 7 heures 30 ; il atteint son maximum d'intensité entre 8 heures et 9 heures.

Les trois cent cinquante mille francs réclamés par ces vampires prussiens, ne sont pas oubliés ; car, hier soir à 4 heures le Conseil Municipal a reçu une lettre du général Werder demandant la somme en question pour dimanche 12 courant : si la somme n'est pas fournie, on prendra des otages dans le Conseil Municipal et parmi les plus riches propriétaires de la ville. On se demande si la nouvelle de l'armistice est exacte : pourtant il n'y a plus de postes prussiens en ville, et on peut circuler partout.

Des voitures escortées par des détachements de plusieurs régiments de landwehr, stationnent devant l'abattoir pour charger de la viande.

A 3 heures, arrivée de trois voitures de blessés français.

A 6 heures 30, Il arrive de Prusse quarante-deux voitures couvertes chargées de vivres de toutes espèces, que l'on décharge de suite dans l'église Saint-Martin : c'est un cadeau du duc de Saxe-Weimar pour les pauvres de la ville.

A 10 heures du soir, on conduit au Château huit voitures de blessés. La batterie de six pièces de canon en acier avec ses caissons et ses fourgons est toujours sur la place d'Armes. Toute la journée le canon de Belfort a ronflé avec intensité.

Vendredi 10. — Toute la nuit le canon de Belfort a grondé ; les détonations étaient très rapprochées et très fortes malgré la violence du vent. Mais c'est toujours entre 8 heures et 9 heures qu'il tonne le mieux, on entend alors des bordées d'une dizaine de coups se succédant très rapidement ; on dirait qu'on est tout près des pièces.

A 8 heures, revue des artilleurs et des six pièces qui sont sur la place d'Armes.

A 8 heures 30, les chevaux de l'artillerie partent sans leurs pièces du côté de Sochaux.

Hier, les Prussiens ont emmené à Belfort plusieurs voitures de planches qu'ils ont prises chez les menuisiers de la ville.

A 1 heure 30, arrivée de seize hommes du 50ᵉ régiment de landwehr ; ils s'installent dans le poste de la place d'Armes et ils envoient des factionnaires devant les ambulances.

A 2 heures 45, arrivée d'une cinquantaine de blessés et malades du 1ᵉʳ régiment de landwehr ; ils sont logés aux Tanneries chez les habitants.

A 7 heures, arrivée d'une vingtaine de fourgons chargés de munitions. Toute la journée le canon de Belfort a tonné.

Samedi 11. — Toute la nuit le canon de Belfort s'est fait entendre ; les détonations étaient excessivement fortes car la bise soufflait violemment.

A 8 heures, départ du côté de Sochaux des fourgons arrivés hier soir.

Le colonel commandant de Place fait monter au Château des cordonniers et des tailleurs pour raccommoder les souliers et les habits des prisonners français ; on peut dire que nos pauvres soldats n'ont qu'un peu de paille pour se coucher et qu'ils ne sont pas bien nourris, car plusieurs ont faim.

Le Conseil Municipal fait publier l'avis suivant : « La ville étant très menacée, les habitants sont priés de ramasser le peu d'argent qu'ils ont, et de le porter à la Mairie. »

Des officiers prussiens avec des soldats en armes parcourent les rues et entrent dans toutes les maisons ; ils cherchent partout, dans tous les coins et emmènent au Château tous les prisonniers français.

Tous les postes sont rétablis comme auparavant ; on ne peut plus sortir de ville.

Dans l'après-midi, les Prussiens montent leurs pièces de canon au Parc.

A 3 heures, arrivée de cinquante-deux voitures de vivres et d'effets d'habillements pour les pauvres seuls de la ville de Montbéliard : c'est un cadeau du duc de Bade.

A 4 heures, arrivée d'une soixantaine de prisonniers français.

On n'a pu ramasser en ville que trente deux mille francs.

Toute la journée le canon de Belfort a grondé sans discontinuer.

Dimanche 12. — Toute la nuit le canon de Belfort a tonné très fortement.

A 8 heures 45, passage d'une soixantaine de voitures de vivres se dirigeant sur Sainte-Suzanne ; elles vont alimenter les troupes qui se trouvent près de Besançon.

A 9 heures 45, arrivée par Sainte-Suzanne d'une cinquantaine de fourgons français vides ; ils sont conduits par des soldats du train des équipages prussiens.

A 9 heures 30, on commence à charger les blessés français : les plus malades sont placés dans les fourgons à raison de deux par fourgon, les moins malades sont simplement placés sur des voitures ordinaires. On emmène tous ceux qui sont au Château et à l'Ecole Modèle ; il est inutile de dire que les bonnes gens de la ville s'empressent de leur porter des victuailles pour le voyage.

A 11 heures 15, le convoi se met en route dans la direction de Sochaux ; quelques voitures de blessés prussiens partent en même temps.

A 4 heures 30, arrivée de quatre compagnies de landwehr du 50ᵉ régiment ; les hommes sont habillés tout à neuf, ils sont logés dans la rue des Granges et sur la Place.

Il y avait encore ce matin sur la place Saint Martin une trentaine de voitures de pommes de terre pour les pauvres ; elles étaient presque toutes gelées. Toute la journée il passe un grand nombre de voitures couvertes ; ces voitures viennent des environs de Besançon et se dirigent sur Belfort.

Tous les soirs les Prussiens conduisent à l'abreuvoir quatre-vingts bœufs qu'ils ont au Château.

Le dernier vote pour la nomination des membres de la Constituante a été annulé. Aujourd'hui le vote est général pour toute la France.

Lundi 13. — Toute la nuit le canon de Belfort a grondé très fortement.

A 8 heures 30, départ de dix-huit voitures vides à quatre chevaux dans la direction de Sochaux.

Il y a toujours le même mouvement de voitures dans les rues, avec stationnement devant l'abattoir et les boulangeries.

A 9 heures 45, arrivée de soixante voitures de vivres de toutes espèces pour les pauvres de la ville ; elles viennent de Bâle, de l'Alsace et du Grand-Duché de Bade.

A 10 heures, on publie : « Tous les pauvres doivent se faire inscrire à la Mairie où on leur distribuera des cartes avec lesquelles ils pourront, chaque jour, toucher des vivres d'une sorte ou d'une autre. »

Deux conseillers municipaux sont partis ce matin porter à Besançon le résultat du vote d'hier : c'est M. Briot de Saint-Hippolyte qui a le plus de voix.

Les villages n'ont pu ramasser que dix-huit mille francs, qui joints à nos trente-deux mille francs font cinquante mille francs. Ces cinquante mille francs avec deux pièces de toile et un sac de pois n'ont pas encore été remis aux Prussiens.

A 3 heures, revue des hulans et de leurs brides.

Les postes ne sont rétablis que sur la Place et devant les ambulances, on peut circuler partout.

Dans la journée le canon de Belfort a tiré sans discontinuer.

Mardi 14. — Le canon de Belfort a grondé une bonne partie de la nuit.

A 8 heures 15, départ vers Sochaux d'une douzaine de voitures vides.

Il y a toujours de nombreuses voitures dans la cour de la gare des marchandises, chargeant ou amenant des vivres.

Des voitures continuent à stationner devant l'abattoir et les boulangeries.

A 10 heures, on remet au colonel Bredow la somme de 52,000 francs avec deux pièces de toile et un sac de pois. Les larmes sont venues aux yeux du colonel Bredow quand il a vu tout ce qu'on lui portait et il a juré de soutenir la ville.

A 12 heures 15, arrivée par Sochaux d'une compagnie du 50e régiment de landwehr.

A 1 heure 30, arrivée par Sainte-Suzanne de deux pièces de canon de 8 avec des caissons ; après s'être arrêtées quelque temps à la gare, elles repartent dans la direction de Sochaux.

Dans l'après-midi, le commandant de Place fait publier qu'il faut ouvrir les magasins et ne rien craindre. Chacun en effet s'attendait au pillage et s'était renfermé chez soi. Il paraît que ce matin à une heure il y a eu un armistice pour la place de Belfort.

Mercredi 15. — Certaines personnes prétendent avoir entendu le canon de Belfort pendant la nuit.

A 10 heures 15, départ de vingt-cinq voitures du côté de

Sochaux ; ces voitures qui viennent de l'Isle sur-le-Doubs ont avec elles deux prisonniers français.

Le général Werder est ici depuis ce matin ; il est venu percevoir la somme qui s'élève exactement à cinquante deux mille trois cent vingt francs.

La cour de la gare des voyageurs contient environ soixante voitures venues de Prusse.

A 1 heure 30, une vingtaine de voitures partent dans la direction de Sochaux.

A 2 heures 45, on amène au Château quatre-vingts bœufs.

A 3 heures 15, passage de vingt-cinq voitures de blessés prussiens ; elles viennent par Sainte-Suzanne et se dirigent vers Danemarie.

Dans l'après-midi, on entend une fusillade très éloignée dans la direction d'Exincourt.

A 3 heures 20, arrivée d'un bataillon du 30e régiment de landwehr ; les hommes au nombre de six cents environ ont des effets neufs et portent la patte d'épaule de couleur jaune orange.

Les pièces de canon se trouvent toujours sur la place d'Armes.

Il y a quatre fourgons et quelques voitures sur la place Saint-Martin.

On n'entend plus le canon de Belfort.

Jeudi 16. — On n'a rien vu, rien entendu pendant toute la nuit.

Il y a toujours le même mouvement de voitures devant l'abattoir et les boulangeries. Les Prussiens ont l'air de vouloir déménager ; le commandant de Place aurait reçu l'ordre de vendre tous les vivres.

A 9 heures 30, passage de trente caissons chargés de munitions ; ces caissons qui nous ont été pris, sont traînés par des chevaux français et se dirigent vers Besançon.

A 3 heures, grande revue des hulans.

A 3 heures 30, arrivée d'une compagnie de landwehr et d'une voiture d'ambulance.

Il reste une trentaine de voitures couvertes dans la cour de la gare des voyageurs.

Sur la place de l'Enclos il y a vingt caissons et des fourgons arrivés à la nuit.

Il paraît qu'il y a quelque chose de nouveau, car ce soir les hulans circulent de tous côtés.

Vendredi 17. — Je n'ai rien vu, rien entendu pendant toute la nuit. A 9 heures 15, départ de deux compagnies de landwehr et de quelques hulans pour Sainte-Suzanne. A la même heure, départ d'une compagnie de landwehr pour Beaucourt. A 10 heures, une vingtaine de voitures couvertes stationnent devant l'abattoir et chargent de la viande et des peaux de bœuf. A 11 heures 15, arrivée par le Canal de neuf fourgons. A 11 heures 30, passage de quatre-vingts voitures de vivres environ, venant du côté de Besançon et se dirigeant sur Sochaux. A 1 heure 45, une quarantaine de voitures chargées qui se trouvent au Faubourg depuis midi, partent du côté de Sainte-Suzanne. Comme les villages de Bart et de Sainte-Suzanne ont refusé, faute d'argent, de compléter la somme qui leur était demandée, les Prussiens ont, malgré l'armistice, pillé ces deux villages et pris des otages ; les deux compagnies de landwehr parties ce matin à 9 heures 15 étaient chargées du pillage. Dans la journée, des soldats ont ramené des voitures de grains, de vivres, de vin, de boîtes à musique, des bœufs, des chevaux, etc.: tout ce butin a été déposé dans la gare des marchandises.

La cour de la gare des voyageurs et celle des marchandises sont couvertes de voitures.

Par ordre du gouvernement français, la garnison de Belfort sort de la Place avec les honneurs de la guerre. Aujourd'hui, vers deux heures, il a passé à Sochaux, se dirigeant sur Audincourt, un régiment de mobiles avec des voitures de vivres et dix bœufs, les seuls qui restaient dans Belfort. Le restant des troupes françaises doit passer demain. Les Prussiens feront leur entrée dans Belfort demain.

Samedi 18. — Il y a toujours le même train de voitures devant l'abattoir et les boulangeries.

A 8 heures, départ pour Belfort de l'escadron de hulans, drapeau déployé et musique en tête. A 9 heures 15, arrivée par Sochaux d'une quarantaine de fourgons français conduits par des Prussiens.

Les troupes françaises continuent à évacuer Belfort.

En traversant les villages, les tambours et les clairons se mettaient à sonner, et les habitants rangés sur les bords de la route, l'air souriant, les regardaient passer avec plaisir.

A 9 heures 30, passage à Sochaux d'une batterie du 12e régiment d'artillerie français.

A 12 heures 15, arrivée à Sochaux de deux bataillons de mobiles du Haut-Rhin, avec des gendarmes, des francs-tireurs et des douaniers. A 2 heures, après avoir fait une grande halte, ces troupes partent dans la direction d'Audincourt. A la même heure, il arrive un bataillon du 45e régiment de ligne avec des voitures, puis deux compagnies d'artillerie de la mobile.

A 2 heures 45, ce bataillon du 45e de ligne avec ses voitures et les deux compagnies d'artillerie de la mobile partent vers Audincourt. A 3 heures 15, arrivée d'un bataillon du 84e régiment de ligne avec des voitures et quatre bœufs. Ce bataillon s'arrête à Sochaux pour y passer la nuit.

A 4 heures et demie, arrivée du colonel Denfert et de son Etat-Major : il est escorté par une pièce d'artillerie de 4. Il couche à Sochaux avec son Etat-Major chez M. Wetzel.

La ligne de marche des troupes françaises est tracée et personne ne peut s'en écarter : ainsi quatre de nos soldats qui sont venus en ville sont faits prisonniers par les Prussiens.

A 2 heures 30, il est arrivé en ville une quinzaine de voitures chargées de literie. Les villages qui n'ont pas été pillés ont dû fournir aux Prussiens une somme complémentaire. Comme la Ville ne peut rien donner, ces vampires se sont emparés de la bibliothèque et du musée : un factionnaire est placé à la porte du musée. A 7 heures, les hulans reviennent de Belfort avec leur musique.

Dimanche 19. — A 8 heures, départ pour Belfort des six pièces d'artillerie qui se trouvent sur la Place avec quelques hulans et un détachement d'infanterie.

A 10 heures, arrivée par Sochaux de soixante-dix-huit fourgons pris aux Français et de quatre-vingt-dix voitures de réquisition chargées de sacs et de pain. Quarante des fourgons de tête qui sont vides se rendent dans la cour de la gare des marchandises pour charger des vivres. Les trente-huit autres fourgons suivis de toutes les voitures de réquisition se dirigent vers Besançon.

A 11 heures, on entend une forte détonation du côté de Belfort.

A 11 heures 30, les quarante fourgons arrivés à 10 heures

commencent à repartir chargés dans la direction de Sochaux.

A 11 heures 45, arrivée par Bethoncourt d'une batterie de six pièces de canon en bronze.

Le colonel Denfert passe la journée à Sochaux et repartira probablement demain avec son Etat-Major et sa pièce d'escorte.

A 10 heures 30, le bataillon du 84e régiment de ligne qui a passé la nuit à Sochaux part pour Audincourt. A la même heure, arrive à Sochaux un bataillon du 45e régiment de ligne.

A 12 heures 45, arrivée du 45e régiment de landwehr ; ce régiment n'est pas au complet, car il a encore été massacré sous Belfort : il est formé par des hommes de différents régiments. Les soldats sont logés chez les habitants. Il y a toujours le même mouvement de voitures devant l'abattoir et les boulangeries.

Lundi 20. — A 9 heures, les soldats du 54e régiment de landwehr se réunissent dans chaque rue pour faire l'exercice. Les bouchers continuent à abattre des bœufs à l'abattoir ; et des voitures stationnent devant l'abattoir chargeant de la viande pour repartir de tous côtés. Il y a toujours le même mouvement de voitures dans la cour de la gare des marchandises ; les unes chargent des vivres, d'autres en amènent. La détonation qu'on a entendue hier à 11 heures provient d'une poudrière qui a sauté à Belfort ; des civils y auraient mis le feu. La place d'Armes est complètement vide. La batterie d'artillerie se trouve dans la cour de la gare des voyageurs avec quelques voitures de réquisition.

Mardi 21. — Le poste sur la place d'Armes existe toujours ; il y a des factionnaires devant les ambulances, la gare des marchandises et à la porte du musée.

A 9 heures, réunion dans chaque rue des soldats du 54e régiment de landwehr, pour faire l'exercice. A 10 heures, arrivée de Belfort d'une compagnie du 7e régiment de landwehr, fifres et tambours jouant, avec une dizaine de voitures de vivres.

A 1 heure 30, arrivée d'une cinquantaine de malades français escortés par des hulans ; ces soldats de différents corps sont maintenant en convalescence, ils reviennent à pied de l'hôpital de Belfort.

Ce matin, à 9 heures, le colonel Denfert a quitté Sochaux avec son Etat-Major et sa pièce d'escorte.

A 3 heures, enterrement d'un colonel prussien. Ce colonel blessé depuis le premier combat de Voujaucourt est mort du typhus. Tous les officiers entouraient le cercueil tenant un ruban, d'autres portaient une couronne d'immortelles ; le cheval du colonel garni de lierre suivait. Puis venaient la musique jouant des airs prussiens, et toute la landwehr en grande tenue.

Mercredi 22. — Dans la nuit il a passé des troupes d'infanterie et d'artillerie se dirigeant vers Besançon ; ces troupes étaient très nombreuses et leur défilé a duré près de trois heures.

Les bouchers continuent à abattre chaque jour plusieurs bœufs. Plusieurs voitures stationnent devant l'abattoir et les boulangeries pour charger de la viande et du pain.

A 9 heures, la batterie d'artillerie qui se trouve dans la cour de la gare des voyageurs part du côté de Besançon. A la même heure, les soldats du 54e régiment de landwehr se réunissent dans chaque rue pour faire l'exercice. Le colonel Bredow va quitter le commandement de la Place de Montbéliard et sera remplacé par M. Smith. Il paraît que les Prussiens redemandent une nouvelle somme de quatre cent mille francs.

Jeudi 23. — Toute la nuit les hulans ont circulé. A 3 heures du matin, les clairons et les tambours sonnent la générale ; le 54e régiment de landwehr se réunit sur la place d'Armes. A 7 heures 30, après avoir attendu longtemps, le 54e régiment, fifres et tambours jouant se met en marche dans la direction de Sainte-Suzanne. Mais à 8 heures, il reçoit contre-ordre et rentre en ville ; les hommes retournent dans leurs logements. A 10 heures 15, arrivée de Belfort d'un bataillon du 54e landwehr ; les hommes sont logés chez les habitants. Le régiment est ainsi au complet. A 11 heures 30, départ du côté de Sochaux, d'une trentaine de voitures à échelles de réquisition vides. A 1 heure 45, arrivée de deux compagnies du 2e régiment de pionniers ; ces soldats ont déjà séjourné à Montbéliard. A 3 heures 30, arrivée du 21e régiment de landwehr au complet ; les hommes sont logés chez les habitants. Nous avons donc en ce moment environ cinq mille Prussiens en ville. Les rues sont pleines de soldats ; c'est un va et vient continuel. Les Prussiens disent que la paix est signée ; les officiers se serraient la main et s'embrassaient : ce soir, ils sont tous morts-ivres.

Vendredi 24. — A 7 heures, départ pour Besançon des 54ᵉ et 21ᵉ régiments de landwehr au complet, avec une batterie d'artillerie et les deux compagnies du 2ᵉ pionniers. Un général qui avait passé la journée d'hier ici, était en tête des troupes. A 9 heures, départ de l'escadron de hulans, drapeau déployé, du côté de Besançon ; cet escadron escorte des officiers d'Etat-Major. Les musiciens prussiens de la Ville, placés sur le square de la Place, jouent alors des cantiques. Ensuite il passe, venant de Belfort et se dirigeant sur Besançon : Un bataillon du 14ᵉ régiment de landwehr, drapeau déployé, tambours et fifres jouant ; une batterie de pièces en acier du 9ᵉ régiment d'artillerie ; deux bataillons du 67ᵉ régiment de l'armée active, drapeau déployé, avec la musique militaire jouant des airs prussiens ; des fourgons, et une cinquantaine de voitures de vivres.

Il arrive ensuite par le Canal et se dirigeant vers Besançon les deux autres bataillons du 14ᵉ régiment de landwehr.

A 10 heures 45, passage du troisième bataillon du 67ᵉ régiment de l'armée active, drapeau déployé, et musique jouant ; il se dirige comme les autres du côté de Besançon.

Cette musique prussienne de la Ville est composée d'une douzaine de landwehr qui se sont emparés des instruments de la Société de Montbéliard. Elle donne souvent des sérénades aux officiers devant l'hôtel de la Balance. A 12 heures 45, arrivée de Belfort d'un escadron de hulans ; les hommes mettent pied à terre sur la Place. A 1 heure 30, cet escadron part du côté de Besançon avec quelques voitures de vivres. A 2 heures 15, départ d'une vingtaine de voitures de réquisition du côté de Sochaux.

Samedi 25. — A 8 heures 15, départ du bataillon du 50ᵉ régiment de landwehr qui se trouvait ici depuis quelque temps. Ce bataillon, musique en tête se dirige sur Belfort. A 8 heures 45, départ dans la direction de Belfort, de dix voitures de blessés prussiens ; ils sont au nombre de six par voiture.

Il reste tout au plus une compagnie de landwehr en ville.

Le colonel Bredow va prendre le commandement de la Place de Vesoul ; le colonel Smith le remplace à Montbéliad.

Il y a toujours le même train de voitures devant l'abattoir et dans la cour de la gare des marchandises.

A 5 heures 45, passage, venant de Sochaux et se dirigeant vers Besançon, de trente-huit fourgons pris aux Français et de vingt voitures couvertes. Certaines personnes disent que, depuis le Mont-Bart, on entend le canon dans la direction de Besançon.

Dimanche 26. — Toujours le même mouvement de voitures devant l'abattoir et les boulangeries.

A 10 heures 30, arrivée de Belfort d'un bataillon d'enfants de troupe de quinze à dix-huit ans, parmi lesquels se trouvent quelques vieux soldats de la landwehr. Ils font halte sur la place d'Armes. A 11 heures 45, ils se dirigent du côté de Besançon, suivis de quelques voitures de réquisition.

Lundi 27. — La foire n'a pas encore été aussi grosse depuis que les Prussiens sont ici : il y a beaucoup de monde et l'on vend de tout. A 9 heures, réunion de la compagnie de landwehr qui reste ici ; cette compagnie est formée de quelques hommes du 30ᵉ régiment, et d'autres dont la patte d'épaule est retroussée. On a reçu ce soir au Château la nouvelle de la paix : Thiers a signé, mais les membres du gouvernement n'ont pas encore tous signé, car les communications sont interrompues. Dans la journée une Société de Bâle a emmené en Suisse une quarantaine de petits enfants de pauvres gens pour les élever.

Mardi 28. — A 8 heures 30, une soixantaine de voitures couvertes chargées de vivres, venant de Belfort se dirigent sur Besançon. A 9 heures, réunion de la compagnie de landwehr pour faire l'exercice sur la Citadelle.

Hier soir, les Prussiens se sont emparés du journaliste Morlot et l'ont conduit nu-tête au Château ; il est arrêté pour avoir mal parlé contre le roi de Prusse dans le *Journal du Jura*. Les Prussiens demandent à la Ville soixante-quinze mille francs pour lui rendre la liberté ; mais le Conseil Municipal leur a répondu qu'on n'a plus un sou à leur donner et qu'ils peuvent garder en Prusse le journaliste Morlot. A 10 heures, enterrement d'un lieutenat de mobiles blessé à la jambe sur le pont de La Luzine pendant la bataille de Montbéliard. Les pompiers, les soldats blessés et une grande partie des habitants y assistent ; un détachement de landwehr rend les honneurs militaires et tire trois salves de mousqueterie au cimetière. A 3 heures, enterrement d'un tirailleur algérien ; quelques landwehr en armes rendent les honneurs. Depuis que la paix est signée, les Prussiens assistent militairement aux enterrements de nos soldats.

MARS 1871

Mercredi 1er mars 1871. — A 8 heures passage d'une cinquantaine de voitures de vivres se dirigeant sur Besançon.

Depuis deux jours les Prussiens ne tuent plus de bœufs à l'abattoir. A 9 heures, réunion de la compagnie de landwehr pour faire l'exercice sur la Citadelle.

Jeudi 2. — Une quinzaine de landwehr montent au Château pour le balayer.

Les Prussiens ne tuent plus à l'abattoir ; ils ont l'air de vouloir décamper. A 9 heures, réunion, comme d'habitude, de la compagnie de landwehr pour faire l'exercice sur la Citadelle. Les Prussiens commencent à vendre leurs provisions qui se trouvent dans la gare des marchandises ; ils en chargent sur des voitures.

Vendredi 3. — Départ sur Besançon d'une vingtaine de voitures de réquisition chargées de sacs. A 9 heures, réunion de la compagnie de landwehr pour l'exercice.

Tous les mobiles et mobilisés qui se trouvent actuellement à Montbéliard, doivent être rendus le dimanche 5 courant à Besançon pour former les cadres de l'armée.

A 6 heures 15, départ sur Belfort d'une trentaine de voitures couvertes vides. Dans l'après-midi, les Prussiens ont encore emmené un convoi de leurs blessés ; ceux qui restent sont transportés à l'hôpital.

Comme ce matin un turco a désarmé un soldat prussien portant un sabre baïonnette français, et qu'un autre turco a donné un mauvais coup à un officier prussien, il est expressément recommandé aux militaires français de ne sortir en ville qu'entre onze heures du matin et trois heures de l'après-midi ; il leur est en outre prescrit de saluer les officiers prussiens.

Samedi 4. — Aujourdhui le marché est très gros.

A 9 heures, réunion de la compagnie de landwehr pour

l'exercice. A 9 heures 30, une vingtaine de voitures de vivres venant de Belfort se dirigent vers Besançon.

La Ville est calme. A 1 heure 30, départ d'une vingtaine de voitures de réquisition vides du côté de Belfort.

Dimanche 5. — C'est toujours la même compagnie de land-wehr qui fait le service de la Ville ; il n'y a plus que cinq hulans pour les estafettes. Le poste sur la Place existe toujours ; il y a des factionnaires devant les ambulances et au grand magasin de la gare des marchandises. Tout est calme et on peut circuler partout. Les bouchers ne tuent plus à l'abattoir, et les boulangers ne cuisent plus pour la troupe. A 9 heures, réunion de la compagnie de landwehr pour l'exercice.

Lundi 6. — A 9 heures, réunion de la compagnie de land-wehr pour l'exercice. C'est risible de voir avec quelle sou-plesse ces soldats font l'escrime à la baïonnette. A 10 heures 30, arrivée par Sochaux d'une quarantaine de vieux landwehr, avec armes et bagages ; ils sont logés chez les habitants. Tout est dans la plus grande tranquillité. Les boulangers ne cuisent plus, mais les bouchers ont tué deux bœufs aujourd'hui.

Mardi 7. — Hier soir il est arrivé dix voitures de réquisi-tion chargées de caisses ; ces voitures sont dans la cour de la gare des voyageurs.

A 9 heures, réunion de la compagnie de landwehr pour l'exercice.

Ce matin des hommes au compte de la Ville ont été employés à enlever huit grosses voitures de panses de bœuf sous la Grande Boucherie ; les Prussiens avaient jeté ces panses dans la Savoureuse.

Les hommes d'équipe de la gare commencent à déblayer et à enlever les rails brisés près du Pont du chemin de fer sur l'Allan.

Toute la journée on a entendu des coups de fusil ; ce sont des civils qui essaient leur fusil. Il est même venu à l'hôpital une personne pour faire panser son oreille traversée par une balle.

Mercredi 8. — A 9 heures, réunion de la compagnie de landwehr pour l'exercice. A 9 heures 30, arrivée d'une cin-quantaine de vieux landwehr. A 11 heures, départ de tous les blessés prussiens qui restent à l'hôpital, sauf deux mourants ; tous ces blessés, même les amputés, sont chargés sur des voitures escortées par des landwehr, et dirigés sur Danemarie. La Sous-Préfecture est évacuée. Les blessés de l'ambulance du Collège vont être transportés à l'hôpital.

Les boulangeries ne cuisent plus pour la troupe ; les bouchers seuls ont tué un bœuf ce matin.

Jeudi 9. — A 8 heures 30, départ de la compagnie du 50ᵉ régiment de landwehr qui faisait l'exercice tous les matins ; elle se dirige sur Belfort avec deux grandes voitures de sacs de troupiers.

Les Prussiens arrangent la ligne ferrée ainsi que les fils télégraphiques. Le poste de la place d'Armes existe toujours avec un factionnaire devant le musée.

A 1 heure 30, passage d'un bataillon du 1ᵉʳ régiment de landwehr musique en tête. Ce bataillon vient de Besançon et se dirige sur Belfort avec une ambulance et plusieurs voitures de vivres. A 4 heures, arrivée de Besançon d'un bataillon du 3ᵉ régiment de landwehr ; les hommes sont logés chez les habitants.

Vendredi 10. — Le général Treskow est arrivé hier soir avec son Etat-Major, et escorté par deux cuirassiers. Cet officier est habillé tout en bleu. A 8 heures, les Prussiens conduisent trente bœufs à l'abattoir et se remettent à abattre ; les boulangers recommencent à cuire du pain dans les boulangeries.

Dans la matinée on amène trente blessés à l'hôpital.

A 1 heure 30, arrivée par Sochaux d'une compagnie du 43ᵉ régiment de landwehr ; les hommes sont logés au Canal.

A 4 heures, arrivée par Sochaux de deux compagnies du 43ᵉ régiment de landwehr ; les hommes sont logés en ville.

La Ville est de nouveau pleine de soldats ; dans certaines rues il y a plusieurs fourgons.

Samedi 11. — Depuis deux jours les soldats français internés en Suisse et en Allemagne commencent à revenir.

A 8 heures, départ du bataillon du 3ᵉ régiment de landwehr qui est ici depuis jeudi ; ce bataillon, musique en tête, se dirige sur Belfort. A 8 heures 30, passage d'un autre bataillon du 3ᵉ régiment de landwehr, musique en tête. Ce bataillon vient de Besançon et se dirige sur Belfort ; il est suivi d'une vingtaine de voitures de réquisition.

A 9 heures, passage d'une batterie de pièces en bronze du

5e régiment d'artillerie, venant de Besançon et se dirigeant sur Belfort.

A 9 heures 30, passage d'un escadron de hulans.

Un grand nombre de voitures chargent de la viande à l'abattoir et se dirigent sur Belfort.

A 12 heures 15, passage d'un bataillon du 43e régiment de landwehr, musique en tête ; la plupart des hommes ont les pattes d'épaule retroussées. Ce bataillon suivi de caissons, de fourgons et de quelques voitures de vivres vient de Besançon et se dirige sur Belfort.

A 1 heure 15, passage d'un autre bataillon du 43e régiment de landwehr, musique en tête, se dirigeant sur Belfort.

A 1 heure 45, arrivée d'un bataillon du 43e régiment de landwehr, musique en tête; les hommes sont logés en ville.

A 2 heures, arrivée d'une batterie d'artillerie; les hommes sont logés chez les habitants.

A 4 heures 15, arrivée d'une avant garde du 25e régiment de l'armée active à patte d'épaule bleue ; elle est logée en ville.

A 5 heures, arrivée par Bethoncourt d'une quarantaine de voitures vides ; elles se placent dans la cour de la gare des marchandises.

Il y a trente fourgons dans la cour de la gare des voyageurs.

Dimanche 12. — A 7 heures 30, départ de huit voitures d'ambulance et des accessoires qui se trouvaient sur la place de l'Enclos.

A 7 heures 45, départ pour Belfort du bataillon du 43e régiment de landwehr et de la batterie d'artillerie arrivés hier.

A 9 heures, départ pour Danemarie de l'avant-garde du 25e régiment de ligne. A 10 heures, passage d'un bataillon du 45e régiment de landwehr ; la plupart des soldats ont la patte d'épaule retroussée. A 10 heures 15, ce bataillon est suivi d'une batterie d'artillerie et de quelques voitures d'ambulance et de réquisition ; cette batterie et ces voitures prennent la route d'Audincourt. A 2 heures, arrivée d'une compagnie du 7e pionniers ; elle est logée en ville. A 3 heures 15, arrivée d'un bataillon du 25e régiment de l'armée active ; il est logé chez les habitants. A 5 heures 30, les quarante voitures arrivées de Bethoncourt, hier soir partent chargées de sacs avec quelques fourgons du côté de Belfort.

Lundi 13. — A 7 heures, départ du bataillon du 25e rigiment de ligne arrivé hier ; il se dirige, musique en tête, sur Belfort et est suivi de plusieurs voitures.

A 7 heures 30, départ sur Besançon de trente-trois soldats français de l'ambulance. A 8 heures, départ sur Belfort de la compagnie du 7ᵉ régiment de pionniers arrivée hier ; les fifres et les tambours jouent. A 10 heures 30, passage d'un bataillon de landwehr ; tous les hommes ont la patte d'épaule retroussée.

Mardi 14. — A 7 heures 30, départ sur Belfort de la compagnie du 47ᵉ régiment de landwehr qui se trouve ici depuis quelque temps.

Le portier consigne et le casernier français du Château, reprennent leur poste au Château.

A 10 heures 30, arrivée par Besançon de deux cents dragons badois escortant un général ; ils sont habillés en bleu et portent le casque à pointe. Ces cavaliers sont logés en ville.

A 12 heures 15, arrivée d'un escadron de dragons badois avec une trentaine de fourgons et voitures et quelques cuirassiers. Peu après arrivent une centaine de gendarmes ; ces gendarmes portent le casque à pointe, et ils sont armés de chassepots français. A 2 heures 30, arrivée de quelques voitures d'ambulance badoises escortées par des dragons. La place d'Armes est couverte de plusieurs voitures badoises.

Mercredi 15. — Dans la matinée il a passé plusieurs soldats français rentrant dans leurs foyers.

A 10 heures 30, Arrivée d'une batterie d'artillerie badoise ; elle s'arrête sur la place Saint Martin. A 11 heures, arrivée de trois escadrons de dragons ; ces dragons sont presque tous armés de chassepots : un escadron part pour Courcelles et Audincourt, le deuxième pour Sainte-Suzanne, et le troisième reste en ville. A midi, arrivée de cinq cents fantassins environ portant le brassard de la Croix de Genève ; ils sont logés en ville. A 12 heures 15, arrivée de plusieurs voitures et fourgons conduits par des soldats du train des équipages. A 12 heures 30, arrivée du 6ᵉ régiment d'infanterie de l'active, musique militaire en tête et jouant ; tous les hommes sont logés en ville. A 1 heure, arrivée du 5ᵉ régiment d'infanterie de l'active ; la musique militaire marche en tête en jouant : ils sont tous logés en ville. Un général commande ces deux régiments. Ce sont tous des Badois. Les rues et les maisons sont pleines de soldats ; certaines maisons logent jusqu'à vingt de ces soldats. Toutes ces troupes reviennent des environs de Besançon.

Jeudi 16. — Il y a un grand mouvement en ville ; les rues sont encombrées de ces Badois.

A 8 heures, grande distribution de vivres pour les soldats.

Il y a tant de cavalerie à Montbéliard, que dans les maisons les cours sont remplies de chevaux ; au Château des chevaux sont logés dans les chambres du rez-de-chaussée.

Les deux généraux sont logés au Faubourg.

La place d'Armes est couverte de voitures d'ambulance et de voitures à échelles. Les fourgons, voitures et ambulances des infirmiers arrivés hier à midi se trouvent sur le Champ de foire. A 12 heures 15, arrivée d'une vingtaine de voitures de réquisition, avec deux compagnies du 37e régiment de l'armée active ; les soldats forment les faisceaux sur la Place malgré la neige qui tombe avec abondance. A 2 heures, ces hommes sont seulement logés chez les habitants.

Toute la journée il a passé des soldats français rentrant dans leurs foyers. Les habitants en ont deux cents à loger pour la nuit.

Vendredi 17. — A 7 heures 30, départ des 5e et 6e régiments d'infanterie badoise ; la musique militaire marche en tête en jouant. Ils se dirigent sur Belfort, suivis de plusieurs voitures. A 7 heures 45, départ des escadrons de dragons et de gendarmerie de la garde badoise avec les cuirassiers ; ils suivent la ligne ferrée dans la direction de Belfort. A 8 heures, tous les dragons de la garde badoise qui se trouvent depuis deux jours dans les villages environnants tels que Audincourt, Courcelles, Bart, Sainte-Suzanne, etc., commencent à défiler, se dirigeant sur Belfort.

Les deux généraux qui étaient ici sont également partis.

A 8 heures 15, passage d'une batterie d'artillerie badoise de la garde ; cette batterie de pièces en acier de 12 se dirige sur Belfort. A 8 heures 45, passage d'une nouvelle batterie d'artillerie badoise de la garde ; cette batterie de pièces en acier de 12 prend la même direction que la précédente.

Les dragons badois continuent à défiler jusqu'à 9 heures 10; ils sont suivis de quelques fourgons. Tous se dirigent sur Belfort. A 9 heures 20, arrivée par Sainte-Suzanne de plusieurs dragons de la garde badoise escortant un général.

A 10 heures 30, ces dragons repartent seuls sur Sainte-Suzanne. Depuis ce matin, des sous-officiers préparent le logement de nouvelles troupes et marquent sur les portes le nombre de soldats à loger.

A 11 heures, arrivée d'un bataillon du 3ᵉ régiment de l'armée active badoise, musique militaire en tête, venant de Besançon. Les hommes sont logés en ville.

A 1 heure, les dragons de l'escorte du général arrivé ce matin, reviennent avec une trentaine de voitures vides conduites par des infirmiers. A 2 heures, départ des cinq cents soldats infirmiers arrivés dernièrement, avec les voitures d'ambulance qui se trouvent au Champ de foire et sur la Place ; ils se dirigent sur Belfort. Ces infirmiers portent le casque à pointe, ils sont habillés comme les landwehr, mais les garnitures sont bleues. A 3 heures, grande revue du bataillon du 3ᵉ régiment d'infanterie badoise avec armes et bagages. A 5 heures 30, arrivée d'un escadron de dragons de la garde badoise. Les adjoints au Maire préviennent les habitants qu'il est défendu de tirer un seul coup de fusil, pas même un pétard, en ville ou dans les environs : un gamin a failli tuer une dame d'un coup de chassepot sur les Fossés.

Samedi 18. — A 7 heures 30, départ de tous les dragons badois qui restent ici ; il y en a un bon escadron qui se dirige sur Belfort.

A 7 heures 45, départ du général d'artillerie avec son Etat-Major et son escorte de dragons badois.

A 8 heures 30, départ sur Belfort du bataillon du 3ᵉ régiment d'infanterie badoise, musique militaire en tête. Il est suivi de voitures et de fourgons.

A 9 heures, passage du 2ᵒ bataillon du 3ᵉ régiment d'infanterie badoise. Il se dirige sur Belfort.

A 9 heures 45, passage du 3ᵉ bataillon du 3ᵉ régiment d'infanterie badoise, et d'une batterie d'artillerie de pièces en acier de 4.

A 1 heure, arrivée de soixante voitures portant des bateaux et tout l'attirail de pontonniers ; ces voitures sont placées dans la cour de la gare des voyageurs. A 1 heure 15, arrivée de trois compagnies de pontonniers ; les hommes sont logés en ville. A 2 heures, passage d'un bataillon du 4ᵉ régiment d'infanterie badoise. se dirigeant sur Belfort ; il est suivi de plusieurs fourgons et voitures.

Dimanche 19. — A 7 heures 30, départ sur Belfort de trois compagnies de pontonniers avec leurs bateaux et tout leur attirail.

Les soldats français licenciés continuent à passer ; chaque jour on en loge.

Les deux compagnies du 67ᵉ régiment de l'armée active arrivées dernièrement tiennent garnison ici pour le service des postes. Il y a toujours un poste sur la Place et au magasin des vivres de la gare des marchandises ; un factionnaire est en permanence à la porte du musée et de la bibliothèque.

Lundi 20. — Il arrive toujours des soldats français licenciés.

A 10 heures, incendie chez M. Fayot, marchand drapier à la rue des Febvres. Les blessés français qui sont encore ici, ont maintenant pleine liberté : ils peuvent circuler partout. A 2 heures 45, départ sur Dijon des deux compagnies du 67ᵉ régiment de l'armée active. A 3 heures 30, arrivée de Belfort d'une compagnie du 61ᵉ régiment de l'armée active

A 7 heures, passage de trente voitures prussiennes se dirigeant sur Belfort.

Mardi 21. — Hier soir, vers 6 heures 30, il est arrivé environ deux cents soldats alsaciens rejoignant leurs foyers ; ils ont été logés chez les habitants et sont repartis ce matin.

A 8 heures, deux grandes voitures de blessés français partent pour Besançon.

A midi, le factionnaire placé devant la porte du musée est supprimé. Par ordre des autorités prussiennes, le musée et la bibliothèque sont rendus à la Ville de Montbéliard.

Mercredi 22. — Le poste du magasin des vivres de la gare des marchandises existe toujours. Il reste en ville soixante blessés français environ. L'ambulance du Collège est complètement évacuée, et les blessés sont transportés à l'hôpital.

Dans la journée les Prussiens ont vendu quinze cents miches de pain noir.

Dans l'après-midi on entend le canon de Belfort, et le soir on aperçoit des feux d'artifices dans la direction de cette ville : les Prussiens fêtent l'anniversaire de la naissance du roi de Prusse.

Jeudi 23. — On apprend la nouvelle de la Révolution à Paris.

Il y a toujours un factionnaire devant la gare des marchandises.

A 4 heures 30, arrivée de Belfort d'une compagnie du 25ᵉ régiment de l'armée active, à patte d'épaule bleue ; elle remplace la compagnie du 61ᵉ régiment qui part peu après pour Belfort.

Vendredi 24. — On reçoit de mauvaises nouvelles des troubles de Paris.

Tout est tranquille en ville.

Le poste de la gare des marchandises existe encore.

Il paraît que le contenu du magasin de la gare des marchandises est vendu à un particulier.

Samedi 25. — Hier soir on a eu à nourrir et à loger des soldats français rejoignant leurs foyers.

Tout est calme en ville.

Il y a encore un factionnaire à la gare des marchandises.

A 1 heure 30, départ d'une quinzaine de soldats français de l'ambulance ; ils vont à Belfort prendre le chemin de fer.

Dimanche 26. — On reçoit une dépêche du gouvernement français demandant des volontaires. Néanmoins tout est calme.

Le particulier qui a acheté les vivres du magasin de la gare des marchandises, en charge plusieurs voitures.

A midi, tous les postes sont supprimés.

A 3 heures, la compagnie du 25ᵉ régiment de ligne est prête à partir, lorsqu'elle reçoit contre-ordre ; ce sont les derniers Prussiens qui se trouvent ici.

Lundi 27. — Hier soir à onze heures, une rixe a eu lieu à la rue Sur l'Eau, entre Prussiens et civils ; les Prussiens ont tiré deux coups de fusil sur les civils, sans atteindre personne.

A 5 heures du matin, départ pour Belfort de la compagnie du 25ᵉ régiment de ligne. Il n'y a plus de postes ni à la gare ni au Château ; il n'y a plus de Prussiens à Montbéliard.

Aujourd'hui la foire est très grande ; tout est rentré dans l'ordre habituel comme avant la guerre. Il y a plusieurs vaches, et seulement une douzaine de chevaux ; on trouve toutes espèces de choses, surtout des pommes de terre : il y en a plus de quatre mille sacs ; jamais on n'en avait vu autant.

Pendant leur séjour à Montbéliard, les bouchers prussiens ont tué treize cents bœufs à l'abattoir, dit-on.

Mardi 28. — Tout est calme.

Les habitants sont souriants.

On est heureux d'être débarrassé de cette vermine.

Mercredi 29. — On publie de nouveau que le gouvernement demande des volontaires.

La mortalité est très grande à Montbéliard, jusqu'à présent la moyenne était de huit morts par jour : aujourd'hui on en enterre dix. On commence à sentir la putréfaction des cadavres enterrés aux environs de la Ville.

Jeudi 30. — Tout est tranquille. On est content de ne plus voir ces Prussiens.

A 6 heures du soir, arrivée d'une quantité de voitures conduites par des soldats prussiens du train des équipages, et d'une forte avant-garde d'infanterie active avec vingt bœufs. Les hommes sont logés chez les habitants.

Nous avons de plus à loger une cinquantaine de soldats français revenant de captivité en Prusse.

Vendredi 31. — Tous ces Prussiens reviennent de Dijon.

Une grande partie des voitures arrivées hier ont été placées sous les Halles ; une soixantaine environ ont monté au Château.

A 7 heures, départ sur Belfort de la plus grande partie des voitures qui se trouvent sous les Halles.

Dans la nuit on a volé aux Prussiens un cheval, plus une bâche de café, une caisse de lard et un sac de riz dans les voitures sous les Halles.

AVRIL 1871

Samedi 1ᵉʳ avril 1871. — A 9 heures 15, arrivée par Sainte-Suzanne d'un bataillon du 50ᵉ régiment de l'armée active. Il est logé chez les habitants par billets de logement ; chaque ménage, riche ou pauvre, a deux soldats à loger.

A 11 heures 45, arrivée de trois compagnies du 50ᵉ régiment de l'armée active. Les hommes sont, comme les autres, logés chez les habitants.

Nous avons en tout treize cents Prussiens en ville. Les villages environnants en ont quatre mille. Ce 50ᵉ régiment revient du siège de Paris.

Dimanche 2. — Dans la nuit, on a encore volé aux Prussiens six chevaux du train des équipages dans les écuries du Faubourg. — Le colonel a réclamé une somme de mille francs par cheval volé, au Maire revenu de captivité depuis une huitaine de jours ; il lui a été répondu que le Maire n'était ni gardien, ni responsable de ces chevaux.

A 2 heures, grande revue de tous les soldats du 50ᵉ de ligne avec armes et bagages.

Depuis hier les postes sont rétablis sur la Place d'Armes, et au Château ; il y a des factionnaires devant la demeure des officiers supérieurs.

Lundi 3. — Dans la nuit de samedi à dimanche, on leur a pris non seulement six chevaux, mais encore des effets d'équipement et d'habillement. Si la ville ne restitue pas aux Prussiens les six chevaux qui étaient leurs plus beaux, elle sera traitée en ville ennemie.

A 1 heure, revue des armes pour les soldats du 50ᵉ régiment. Dans l'après-midi, un civil s'étant approché des voitures placées dans les Halles, a été presque assommé d'un violent coup de plat de sabre sur la tête. — On publie qu'à partir de six heures du soir, il est défendu aux habitants de

7

s'approcher à une certaine distance des voitures qui se trouvent sous les Halles, et que la sentinelle a l'ordre de faire feu.

Mardi 4. — Les bouchers prussiens continuent à tuer des bœufs à l'abattoir. — Les boulangers aussi cuisent du pain pour la troupe. Il y a toujours des postes sur la Place et au Château. L'après midi, les soldats du 50e régiment se réunissent dans chaque rue pour faire l'exercice.

A 3 heures, la sentinelle sous les Halles est attachée à un pilier par ses camarades et reste ainsi jusqu'à la nuit, pour avoir tiré un coup de fusil en l'air, croyant effrayer une personne qui s'était approchée des voitures. — Cet après-midi les Prussiens ont demandé au Conseil municipal, le local du Collège avec des lits pour les malades. — Le Collège vient d'être réparé pour la rentrée des élèves qui doit avoir lieu après Pâques. — Vers quatre heures et demie, Charles Rossel le maçon conduisant une voiture à vive allure, vient à heurter une voiture de Prussiens dont une roue se détache ; les soldats furieux insultent le conducteur Rossel qui leur répond par des coups de fouet. Ceux-ci dégainent et lui donnent trois coups de sabre, ils l'auraient même tué sans l'intervention des habitants ; ils le conduisent ensuite au poste de la Place d'où on le relâche à la nuit. Les entailles reçues par Charles Rossel sont assez profondes, mais il n'y a aucun danger.

Mercredi 5. — Comme des civils ont pris différents objets à des soldats logés chez eux, le tambour de ville rappelle aux habitants qu'il est défendu de voler les Prussiens et de faire aucun trafic avec eux.

Chaque jour à 11 heures 45 les huit tambours et les clairons du 50e régiment se réunissent sur la Place avec le tambour-maître. A la même heure les soldats qui doivent prendre la garde arrivent sous la conduite d'un officier. Au premier coup de midi la sentinelle crie Bara ! Bara ! Raouss ! Tous les soldats du poste sortent avec leurs armes et se mettent en ligne. Les tambours et les fifres commencent alors à jouer et à faire de fortes roulades : le poste part et est remplacé.

A 11 heures 15, arrivée par Sainte-Suzanne d'un escadron de hulans avec la musique militaire du régiment jouant. Ils sont suivis d'une ambulance et de six voitures. Les hommes sont logés en ville.

Jeudi 6. — A 10 heures, réunion de la musique des hulans dans le jardin de M. Muston pour la répétition ; ils jouent très-bien jusqu'à midi.

Chaque jour le 50ᵉ régiment passe des revues, le matin et l'après-midi. Ainsi un jour c'est la revue des sacs, un autre celle des musettes ou des chemises, des chaussettes, des bottes, des habits, des armes, des cartouchières, des bidons de campement et des boîtes à cartouches.

A 2 heures, grande revue avec armes et bagages des soldats du 50ᵉ régiment de l'armée active. Un général, arrivé hier, passe la revue avec le colonel. Cela dure jusqu'à 4 heures 30.

Chaque jour à trois heures les trompettes du train des équipages parcourent la ville en sonnant le rappel pour la distribution.

Toute la journée des patrouilles ont circulé dans les rues.

Vendredi 7. — Depuis hier matin, le drapeau prussien et le drapeau d'ambulance de la Croix de Genève flottent sur la Sous-Préfecture.

Chaque jour à midi, les soldats du 50ᵉ régiment doivent faire acte de présence à l'appel.

Samedi 8. — Aujourd'hui le marché est très gros.

A 8 heures, revue sur la place de l'Enclos des chevaux de la cavalerie sellés et harnachés.

A 9 heures, grande revue sur la place Saint-Martin des soldats du 50ᵉ régiment en armes. Après la revue ils se rendent au Champ de foire pour faire l'exercice; la manœuvre cesse à 11 heures 30, et ils rentrent dans leurs logements.

On reçoit de temps en temps des dépêches du gouvernement de Versailles.

Dimanche 9. — Le jour de Pâques se passe comme les jours ordinaires.

Les soldats du 50ᵉ régiment qui sont tous de la Silésie vont à l'Eglise catholique.

L'après-midi la musique des hulans va faire une sérénade au général qui loge au Faubourg.

De 4 heures à 5 heures, musique des hulans sur la place d'Armes.

Lundi 10. — A 10 heures, les soldats du 50ᵉ régiment sont réunis sans armes pour l'appel.

Par publication, il est prescrit aux habitants de rendre à la Mairie les armes françaises et allemandes qu'ils détiennent. Ceux qui, après le délai donné, seront munis d'une de ces armes seront punis d'emprisonnement et d'une amende de cinq cents francs.

Mardi 11. — De 8 heures à 10 heures, deux compagnies du 50ᵉ régiment font l'exercice sur le Champ de foire. L'escadron de hulans fait la manœuvre à cheval au Champ de foire. Une compagnie du 50ᵉ régiment fait l'exercice sur la Place d'Armes.

A 11 heures 30, deux autres compagnies du 50ᵉ régiment vont manœuvrer au Champ de foire jusqu'à 1 heure 30.

Mercredi 12. — Tout se passe comme à l'ordinaire.

Les boulangers prussiens fabriquent du pain, et les bouchers abattent des bœufs à l'abattoir.

Depuis huit jours les patrouilles continuent à circuler jour et nuit dans les rues. Les exercices des soldats se font comme d'habitude aux mêmes heures et aux mêmes endroits.

Tous les jours à midi une compagnie du 50ᵉ Régiment vient assister au changement du poste de la place d'Armes ; tous les clairons et tous les tambours de l'infanterie y assistent également. De là cette compagnie va faire l'exercice au Champ de foire jusqu'à deux heures.

Jeudi 13. — A 8 heures tous les hulans en grande tenue et à pied, ainsi que tous les soldats du 50ᵉ régiment vont communier. La majorité va communier à l'Eglise catholique auprès d'un curé venu exprès de la Silésie ; les autres vont à l'Eglise Saint-Martin communier auprès du pasteur allemand. Depuis six jours, la musique des hulans joue chaque jour sur la Place d'Armes de 4 heures à 5 heures.

Aujourd'hui le capitaine du génie français Tocque vient visiter le Château ; il convoque mon père, l'entrepreneur des travaux du génie, et lui prescrit les réparations à faire pour remettre tout le casernement en bon état. Les travaux vont commencer immédiatement.

Vendredi 14. — A 7 heures 30, les soldats du 50ᵉ régiment en grande tenue, se réunissent sur la place et partent dans la direction de Belfort,

De 8 heures à 10 heures, les hulans en petite tenue font la manœuvre à cheval au Champ de foire.

A 10 heures 30, on sonne au feu rue de la Boucherie : c'est la maison de l'ancienne boulangerie Maillard, actuellement 6, rue Viette, qui brûle. Tout le monde accourt, les pompiers arrivent avec trois pompes et l'on se met en activité pour éteindre l'incendie.

A 10 heures 45, le 50ᵉ régiment revient de faire une marche militaire de dix kilomètres sur la route de Belfort. Aussitôt un détachement de ce régiment entoure la maison en feu, et cerne les rues environnantes afin qu'on ne puisse rien emporter. A 11 heures 45, l'incendie est complètement éteint. Les Prussiens occupaient cette boulangerie depuis le milieu du mois de novembre et cuisaient jour et nuit du pain pour la troupe ; le four trop surchauffé s'était fendu et avait communiqué le feu à l'étage supérieur dont les poutres et le plancher étaient carbonisés. Après avoir sauvé leurs effets d'habillement, les boulangers ne s'occupèrent plus de l'incendie, ils voulaient même laisser brûler car en éteignant le feu, l'eau coulait dans le four où ils venaient de mettre cuire leur pain.

L'après-midi les Prussiens emmènent leurs effets et leur attirail de boulanger pour cuire leur pain au Château.

Il paraît que la Prusse paiera les dégâts.

Samedi 15. — De 8 heures à 10 heures, manœuvre des hulans et de l'infanterie.

De 10 heures à 11 heures, le musique des hulans fait la répétition au Château, à cause de la pluie.

A 4 heures, le général qui est logé au Faubourg, accompagné d'un général nouvellement arrivé montent au Château pour le visiter. Les boulangers présentent une miche de pain au général, qui l'examine et le goûte.

A 5 heures, le général avec son état-major se rend au Champ de foire où sont réunis toute l'infanterie, tous les hulans ainsi que les caissons, fourgons et voitures bien nettoyés. A son arrivée les musiques commencent à jouer. Le général passe la revue homme par homme, il regarde les effets d'habillement de très près, les armes, la chaussure, il

fait même enlever les bottes de certains pour s'assurer de la
propreté de leurs pieds. Il n'a pas paru très satisfait. On dit
que c'est le général Manteuffel.

Dimanche 16. — Repos pour la troupe. Il n'y a que des
appels.

Les Prussiens placardent une affiche informant les habitants que la Ville est en état de siège, comme tous les pays
envahis, et par conséquent soumise aux lois de la milice allemande.

A midi, comme d'habitude, changement des postes de la
Place et du Grand-Pont. Il y a maintenant un factionnaire
à l'entrée du Grand-Pont.

Lundi 17. — A huit heures appel.

De huit heures à 10 heures, manœuvre des hulans dans les
prés du Grand-Pont et exercice pour l'infanterie.

A 4 heures, musique des hulans sur la Place.

A 4 heures 15, revue de chaussures et de pieds au Château
pour trois compagnies du 50ᵉ régiment.

A 5 heures, revue d'habillement à la rue des Granges pour
les trois autres compagnies du 50ᵉ régiment ; les soldats arrivent là avec leurs habits retournés.

Mardi 18. — Tout se passe comme à l'ordinaire.

De 8 heures à 10 heures, les trompettes de la cavalerie,
ainsi que les clairons et tambours de l'infanterie s'exercent à
la gare.

A 10 heures, une compagnie du 50ᵉ passe une revue de
linge sur la Place d'Armes ; les hommes mal tenus sont si-
gnalés au capitaine par les lieutenants. Le capitaine fait
venir ces hommes auprès de lui, et donne à l'un un coup de
pied au derrière, tire l'oreille de l'autre ou lui pince le nez.
Sa correction reçue le soldat salue l'officier et retourne im-
passible dans le rang.

Poulot Mégnin, l'artiste peintre et musicien, avait parié de
faire sortir le poste de la Place. Cet après-midi, un peu gai
et revêtu de son ancien uniforme de Chamboran, il se place
sur le square en face du factionnaire et se met à jouer un
petit rigodon sur sa flûte ; il joue ensuite la marche prussienne en simulant le pas de parade allemand, quand la sentinelle crie « Raouss » : le poste sort et emprisonne Poulot.

A 4 heures, musique des hulans sur la Place.

A 5 heures, revue des chemises pour les soldats du 50ᵉ régiment.

Mercredi 19. — De 7 heures à 9 heures, manœuvre à cheval pour les hulans, et exercice pour les soldats du 50ᵉ régiment au Champ de foire.

De 4 heures à 5 heures, revue au Champ de foire, des hulans à pied avec leur lance, des soldats du train des équiges, et de deux compagnies du 50ᵉ régiment.

Jeudi 20. — A 7 heures, manœuvre à cheval pour les hulans.

A 8 heures, appel et exercice pour l'infanterie.

A 4 heures, musique des hulans sur la Place.

Revue pour plusieurs compagnies du 50ᵉ régiment.

Vendredi 21. — Hier soir les Prussiens amenaient au Château une trentaine de bœufs, quand l'un d'eux a sauté dans le fossé du Pont-levis ; il leur a été impossible de le retirer et il a fallu l'abattre sur place.

Le matin à 8 heures, une compagnie d'infanterie va à tour de rôle faire le tir à la cible à la Citadelle.

Samedi 22. — De 7 heures à 9 heures, manœuvre à cheval pour la cavalerie.

De 8 heures à 10 heures, appel. Exercice et tir à la cible pour les soldats du 50ᵉ régiment.

De 10 heures à 11 heures 30, école des trompettes, des tambours et des clairons à la gare. Répétition pour la musique des hulans dans une salle du Château.

A midi, changement des postes sur la Place d'Armes.

Dans l'après-midi, il y a toujours des revues pour l'infanterie, la cavalerie ou le train des équipages.

Dimanche 23. — A 4 heures, les boulangers prussiens en surchauffant le four du Château mettent le feu à une chambre située au-dessus ; on s'en aperçoit heureusement à temps, et on l'éteint rapidement. Comme les réparations des dégâts causés par cet incendie dureront une dizaine de jours, les boulangers prussiens transportent leur attirail à la boulangerie Engeler, rue des Granges, et s'y installent.

Lundi 24. — A 3 heures 15, arrivée au Château d'une quarantaine de voitures chargées de sacs de farine. Ces voitures viennent de Belfort.

Mardi 25. — Depuis ce matin, les Prussiens occupent au Château quatre salles pour le nettoyage des armes ; toute la journée, des soldats sont employés à ce travail. De 4 heures à 6 heures, exercice au Champ de foire pour une compagnie de nouvelles recrues ; ce sont des soldats tout-à-fait jeunes.

Mercredi 26 et Jeudi 27. — Tout se passe comme d'habitude. Le matin il y a exercice pour les jeunes recrues, et marche militaire pour les anciens soldats.

Vendredi 28. — A 7 heures, départ d'une soixantaine de voitures vides qui se trouvent dans la cour du Château. Elles sont conduites par des soldats du train des équipages et se dirigent sur Belfort.

A 2 heures, vente au Château de marchandises avariées.

A 5 heures 30, arrivée au Château, des voitures parties ce matin ; elles sont chargées de vivres de toutes espèces.

Samedi 29 et Dimanche 30. — Tout se passe comme à l'ordinaire.

MAI 1871

Lundi 1ᵉʳ mai 1871. — Vente à la gare de cinquante-cinq chevaux prussiens.

Du mardi 2 au vendredi 5. — Les hulans continuent à faire la manœuvre ; ils font les exercices de pointe avec leur lance.

Samedi 6. — Vente au Château de harnais et de quarante voitures prussiennes.

Deux fois par semaine, les soldats du train des équipages, avec une cinquantaine de voitures, vont à Belfort chercher des vivres.

Dimanche 7. — Tout se passe comme à l'ordinaire. Les hulans se préparent à partir.

Lundi 8. — A 6 heures du matin, départ pour Lure de l'escadron de hulans avec la musique. Ces soldats se plaisaient bien ici, et plusieurs musiciens étaient si émus qu'ils ne pouvaient jouer.

A 7 heures 30 du soir, grand remue ménage, des soldats courent de tous côtés : un officier prussien vient d'être blessé par un civil à Bethoncourt.

Mardi 9. — Voici l'affaire.

Un officier prussien se promenait à cheval sur la route de Bethoncourt, lorsque deux civils placés au-dessus de la maison du garde-barrière, sur la tranchée de Bethoncourt, lui tirèrent deux coups de fusil, puis se sauvèrent. Quoique blessé, l'officier partit au grand galop.

A 8 heures 30 du matin, le général supposant que l'attentat a été commis par des habitants de Bethoncourt, leur envoie, comme punition, une compagnie du 50ᵉ régiment de Montbéliard à nourrir et à loger.

A leur arrivée à Bethoncourt, les officiers font faire des perquisitions dans toutes les maisons ; les habitants, se doutant de ce qui allait arriver, avaient heureusement pris leurs précautions.

Mercredi 10. — Le sergent de ville Launois publie l'avis suivant : Les personnes qui avaient des hulans à loger, doivent conserver leur *quatir* pour des cuirassiers qui arriveront le douze.

Les personnes, dont les soldats du 50ᵉ régiment sont partis pour Bethoncourt, ne doivent pas *pleurer* car ils reviendront dans quatre jours,

Jeudi 11. — Les perquisitions continuent à Bethoncourt, à Vyans et à Bussurel.

Vendredi 12. — Les Prussiens amènent au Château une quantité de fusils de chasse, de chassepots, de fusils à aiguille et de sabres de toutes espèces.

Samedi 13. — A 9 heures, arrivée d'une avant-garde de cuirassiers blancs.

Dimanche 14. — A 8 heures, passage d'un escadron de cuirassiers blancs venant par Sainte-Suzanne et se dirigeant sur Audincourt.

A 9 heures 30, arrivée par Sainte-Suzanne d'un escadron de cuirassiers blancs ; il est logé en ville.

A 10 heure 15, passage d'un nouvel escadron de cuirassiers blancs venant par Dung, et se dirigeant sur Blamont par Audincourt.

Lundi 15. — Le costume des cuirassiers blancs est tout-à-fait simple. Pantalon et veste blancs ; bottes à l'écuyère montant jusqu'au haut de la jambe ; casque en acier avec pointe ; cuirasse en acier ; pistolets d'arçon ; giberne et grand sabre droit.

Mardi 16. — Dans la nuit on a pris à un officier de cuirassiers logé chez M. Morel père, au Faubourg, tout son armement, un drapeau de fantaisie et un portefeuille contenant huit mille francs ; le voleur a dû passer par la rivière, car un factionnaire montait la garde à la porte de cet officier. — Le général prescrit au maire Fallot, pharmacien, remplaçant le maire Lalance qui vient de donner sa démission, de s'emparer des coupables et de défendre aux habitants de la ville de sortir après neuf heures du soir.

Revue sur la Place d'Armes de l'escadron de cuirassiers au complet, avec tout son attirail.

Mercredi 17. — Dans la nuit on a pris quatre chevaux de cuirassiers logés au Canal.

Le général fait alors publier la prescription suivante :

A partir du coucher du soleil, il est défendu d'aller en barque sur l'Allan, sous peine de recevoir des coups de feu de la part des sentinelles placées à l'extrémité du Grand-Pont ; il est en outre défendu de passer sur le Grand-Pont à partir de 9 heures du soir.

Jeudi 18. — Dans la nuit les sentinelles du Grand-Pont ont arrêté un homme portant une pièce de velours qu'il venait de voler en ville.

De 7 heures à 10 heures, les cuirassiers font la manœuvre à cheval dans les prés du Grand-Pont.

La nuit les sentinelles sont doublées, et le poste de la Place d'Armes est renforcé.

Vendredi 19 et Samedi 20. — Ces deux jours là, il y a des revues à la gare pour l'infanterie et les cuirassiers. Jeudi dernier, à Arbouans, des gens se sont battus avec des soldats prussiens et leur ont fichu une bonne raclée.

Dimanche 21. — Tous les deux jours les cuirassiers de Blamont et d'Audincourt viennent, avec des voitures, chercher des vivres au grand magasin du Château.

Lundi 22. — Les deux hommes qui, il y a quinze jours, ont tiré sur un officier prussien à Bethoncourt, se sont sauvés en Suisse et se gardent bien de rentrer. Il paraît que cet officier se promenait à cheval dans les champs de blé.

Mardi 23. — A 4 heures du soir, départ en voitures de quarante-trois enfants pauvres pour être élevés en Suisse. Voilà une centaine d'enfants que nos bons voisins les Suisses se chargent d'élever.

Mercredi 24. — De 7 heures à 10 heures, manœuvre à cheval pour les cuirassiers dans les prés du Grand-Pont ; ils ne craignent pas de fouler l'herbe.

De 7 heures à 11 heures, exercice au Champ de foire et à la gare pour l'infanterie, et marche militaire.

Jeudi 25. — A 6 heures, revue de l'escadron de cuirassiers sur la promenade des Fossés. Régulièrement tous les deux jours, les cuirassiers passent des revues aux Fossés.

Dans la journée, un grand breack attelé à quatre chevaux, venant de Belfort, amène une vingtaine d'Anglais pour visiter le champ de bataille de Montbéliard. Cela fait l'affaire de quelques gamins qui leur vendent des balles, des cartouches, des boutons d'uniforme, des fusées et des éclats d'obus.

Vendredi 26. — Il semble que les Prussiens vont bientôt quitter la ville; il n'y a presque plus de vivres dans leur grand magasin du Château.

Samedi 27. — A 11 heures, départ pour Belfort d'une avant-garde du 50e régiment de l'armée active. Cette avant-garde se compose de dix hommes par compagnie.

Dimanche 28. — A 2 heures 30, arrivée d'une avant-garde de dragons. Plusieurs de ces dragons partent en avant-garde dans les villages environnants.

Dans la soirée un habitant de la ville se bat avec un Prussien; il lui donne des coups de couteau et reçoit un coup de sabre qui lui crève un œil.

Lundi 29. — La foire est très grosse.

A 10 heures, passage d'un escadron de dragons se dirigeant sur Sochaux. A 10 heures 30, passage d'un autre escadron de dragons se dirigeant sur Bethoncourt.

Hier des Prussiens se sont battus à Audincourt avec des Forgerons.

Mardi 30. — Arrivée par Audincourt de soixante-dix voitures vides conduites par des soldats du train des équipages; elles montent au Château, où elles chargent des vivres au grand magasin, et repartent sur Audincourt.

A 10 heures 45, arrivée de la musique militaire du 67e régiment d'infanterie active, venant de Baume.

De 8 heures à 9 heures, la musique du 67e régiment joue sur la Place d'Armes. Elle parcourt ensuite les rues de la Ville, suivie par des soldats chantant et par quelques voyous; à 10 heures, elle revient sur la Place où elle sonne la retraite. Chacun rentre chez soi.

Mercredi 31. — Toute la nuit les Prussiens ont circulé.

A 3 heures 30, les tambours et les clairons battent le rappel dans toutes les rues.

A 4 heures, départ d'une forte avant-garde du 50e régiment du côté d'Héricourt.

A 4 heures 45, départ de la musique du 67ᵉ régiment et d'un bataillon du 50ᵉ régiment ; ils se dirigent sur Héricourt, le général et le colonel marchent en tête. Les soldats paraissaient quitter leur garnison avec regret. A 6 heures 30, passage d'un autre bataillon du 50ᵉ régiment de l'armée active, musique militaire en tête ; ils viennent de l'Isle-sur-le-Doubs et se dirigent sur Belfort par Héricourt.

A 8 heures, passage d'un escadron de dragons se dirigeant sur Sochaux.

A 4 heures, réunion sur la place des trois autres compagnies du 50ᵉ régiment de l'active, avec les voitures d'ambulance, les fourgons et les caissons. — 4 heures 30, arrivée par Audincourt de deux compagnies du 50ᵉ régiment. Elles se joignent aux trois autres compagnies, et à 5 heures elles prennent la route de Belfort par Héricourt.

A 5 heures 30, arrivée par Sochaux d'un escadron de cuirassiers.

Nous voilà avec deux escadrons de cuirassiers.

JUIN 1871

Jeudi 1ᵉʳ juin 1871. — Les cuirassiers font le service de la Ville.

Lundi dernier dans l'après-midi, un officier prussien entre au café Champneuf et embrasse madame Champneuf ; le jeune Schwab, fils du boucher près du Pont-Neuf sur la Luzine, qui se trouvait là dit à cette dernière : « Comment pouvez-vous vous laisser embrasser par un Prussien ». L'officier qui a compris saute sur le jeune homme, lui donne une paire de soufflets et le fait conduire au poste. M. Schwab père a dû verser cent quatre-vingts francs pour faire remettre son fils en liberté.

Vendredi 2. — A 11 heures, arrivée d'un escadron de cuirassiers blancs avec la musique militaire du régiment. Ils viennent de Blamont.

Samedi 3. — Tous les jours de 7 heures à 10 heures, manœuvre à cheval pour les cuirassiers dans les prés de Sochaux.

Les cuirassiers font le service de la Ville, et ils montent la garde devant tous les postes ; comme les fantassins, ils ont leur grand magasin de vivres au Château.

Tous les soirs, de 7 heures à 8 heures et demie, la musique des cuirassiers joue sur la place d'Armes.

Lundi 5. — Mort d'un officier de cuirassiers.

Les officiers Prussiens enterrés à Montbéliard, ont été exhumés en grande majorité et ramenés dans leur famille.

Mercredi 7. — A 9 heures, enterrement de l'officier de cuirassiers. Un escadron de cuirassiers à cheval, suivi de la musique jouant des airs funèbres précèdent le cercueil ; le corbillard garni de lierre et de crêpe est entouré d'un détachement de cuirassiers à pied. Le pasteur allemand suit avec tous les officiers.

Jeudi 8. — Le soir il y a une bagarre entre civils et mili taires, au cours de laquelle le poste de cuirassiers sur la Place d'Armes a failli être enfoncé. Le sergent de ville Launois, intervenu pour rétablir l'ordre, a reçu un fameux coup de poing d'un Prussien.

Vendredi 9. — La manœuvre à cheval des cuirassiers se fait dans les prés du Grand-Pont. Tous les soirs, de 7 heures à 8 heures 30, la musique des cuirassiers se fait entendre sur la Place.

Samedi 10. — Grande revue pour les trois escadrons de cuirassiers et la musique militaire.

Vendredi 16. — A 10 heures, départ sur Belfort d'une avant-garde de cuirassiers blancs.

A 10 heures, vente sur la Place d'Armes, de plusieurs chevaux et de plusieurs voitures du train des équipages des cuirassiers.

Samedi 17. — A 10 heures, paye des trois escadrons de cuirassiers sur la promenade des Fossés.

A 11 heures du soir, départ sur Belfort d'un escadron de cuirassiers avec la musique militaire jouant.

Lundi 19. — A 11 heures du soir, départ pour Belfort des deux autres escadrons de cuirassiers. Nous sommes débarrassés des derniers Prussiens logés chez nous. Depuis le quinze novembre, nous avons eu quatre soldats à loger sans discontinuer.

Nous voilà sans Prussiens.

Mardi 20. — A 10 heures 30, passage d'un escadron de hulans et d'une batterie d'artillerie. Ils se dirigent sur Belfort.

Mercredi 21. — A 10 heures, passage de deux escadrons de hulans se dirigeant sur Belfort.

Jeudi 22. — Rien.
Nous n'avons plus de Prussiens.

JUILLET 1871

9 Juillet. — Dernièrement on a encore trouvé dans les bois des environs des soldats français non enterrés. C'est pourquoi on défend aux habitants d'aller cueillir des fraises dans les bois ; car de mauvaises mouches, après avoir séjourné sur des cadavres, vont se poser partout et peuvent ainsi causer de graves maladies.

Du premier janvier à la fin du mois de mars, le nombre des habitants décédés s'élevait déjà au double de ce qu'il est annuellement. Actuellement, la mortalité est beaucoup moins grande en Ville.

10 juillet. — Un général Prussien de Belfort vient visiter le Château et la Ville avec sa femme et ses trois enfants. Une quantité de gamins criant et hurlant le suivent partout et l'insultent ; ne sachant où donner de la tête, il se réfugie à la pharmacie Fallot avec sa famille. A son départ, des gamins et même des hommes escortent sa voiture sur la route de Sochaux, en lui lançant des pierres : la voiture est endommagée ; le général et ses fils, rouges de sang, l'échappent belle. Ils se souviendront de Montbéliard.

AOUT 1871

Lundi 1er août 1871. — Arrivée de douze soldats prussiens du 61e régiment de ligne, et de deux hussards sous la conduite d'un officier. Vers 11 heures et demie, ils se rendent sur la place Saint-Martin où une foule de monde est bientôt rassemblée ; les cailloux pleuvent avec tant de violence que les Prussiens sont obligés de s'abriter dans l'Hôtel-de-Ville. L'officier, tout tremblant, était là le revolver au poing, et les soldats, le fusil chargé, attendaient pour faire feu.

A 1 heure 30, ils partent dans la direction d'Audincourt. Que viennent-ils faire ?

Ils paraît qu'ils voyagent ainsi dans les environs, et qu'on en a vus dans plusieurs villages. Ils se font conduire en voiture à raison de quarante centimes par kilomètre.

Arrivés dans un village, ils vont droit à la mairie, où ils demandent des renseignements sur la richesse du village, le nombre des habitants, des maisons, des écuries, l'emplacement des abreuvoirs, etc.

Jeudi 24 août. — A 9 heures et demie du soir, un maréchal-des-logis d'artillerie et quatre artificiers arrivent de Besançon pour enlever les cartouches de fusil à aiguille laissées par les Prussiens dans la poudrière du Château. Ils repartent le lundi suivant avec quatre-vingt-trois mille et quelques cartouches.

C'est autant de pris sur les Prussiens.

8

SEPTEMBRE 1871

Lundi 11 septembre 1871. — A 5 heures 30 du soir, arrivée de plusieurs officiers Prussiens, avec quinze soldats du 61ᵉ régiment de l'armée active et quatre canoniers du 2ᵉ régiment d'artillerie.

Les officiers sont logés à l'Hôtel de la Balance, et les soldats dans la rue Derrière, à proximité de l'Hôtel.

Mardi 12. — A 9 heures du matin, ces Prussiens se rendent vers le passage à niveau de la route de Sochaux, probablement pour tirer des plans.

A 11 heures et demie, arrivée d'une compagnie du 61ᵉ régiment de ligne et de deux batteries d'artillerie de 4. Ils viennent de Belfort.

Les pièces de canon restent parquées dans les prés de Sochaux ; les chevaux sont logés au Château, et chez les habitants.

La troupe fait son entrée en Ville, tambours, fifres et trompettes jouant.

Les soldats sont logés au Faubourg et dans une partie de la rue des Febvres.

Un poste est immédiatement établi dans le corps de garde de la Place d'Armes et un factionnaire placé devant.

L'après-dîner, une cinquantaine de Prussiens tant hommes que femmes et enfants arrivent dans douze voitures pour visiter la Ville de Montbéliard. Ils profitent de l'invasion pour visiter la France.

Il descendent à l'Hôtel de la Balance où ils font un grand festin. Après avoir mangé, ils visitent la Ville, et entrent dans les pâtisseries où ils font une véritable rafle de gâteaux et de bonbons.

Les hommes portent tous l'uniforme d'officier, excepté un vieux qui est habillé en civil et que je reconnais pour le général venu visiter la ville le dix juillet dernier.

A 9 heures, le poste de la Place sonne la retraite, et tous les soldats rentrent dans leur logement.

Mercredi 13. — A 5 heures 30, la compagnie du 61e régiment, et les deux batteries d'artillerie, ainsi que l'avant-garde arrivée lundi, partent se dirigeant sur Besançon.

Jeudi 14. — On placarde une affiche du Préfet du Doubs prévenant les habitants que, par ordre du général Manteuffel, le département du Doubs est déclaré en état de siège, qu'il faudra être très poli avec les Prussiens, leur donner ce qu'ils demanderont et ne leur faire aucun mal. Car l'homme qui oserait attenter à la vie d'un de leurs soldats ou même l'insulter, serait un homme perdu pour lui et pour sa famille, sans compter la Ville qui serait réprimandée par des garnissaires.

C'est probablement à cause des troubles qui ont eu lieu dernièrement à Dijon.

Samedi 16. — A 11 heures 30, arrivée d'une compagnie du 61e régiment de ligne venant de l'Isle-sur-le-Doubs. Il paraît que cette compagnie était à Dijon. Les hommes sont logés en ville.

Ils établissent leur poste sur la Place d'Armes.

Dimanche 17. — A 5 heures 30 du matin, départ pour Belfort de la compagnie du 61e régiment de ligne.

Mardi 19. — Comme on a tiré sur des soldats allemands, une dépêche du Préfet du Doubs dit que, par ordre du général Manteuffel, les habitants doivent porter à la mairie toutes les armes qu'ils détiennent, sabres, fusils de chasse, chassepots, pistolets, etc. ; et que, si l'on vient à tuer un des soldats qui vont passer, les Allemands feront des perquisitions, et que toute personne chez qui on trouvera des armes sera punie d'une forte amende puis fusillée.

Après le passage des soldats allemands, toutes les armes seront rendues à qui de droit, excepté celles qui appartiennent à l'Etat.

Jeudi 21. — C'est aujourd'hui le dernier jour fixé pour la reddition des armes ; aussi il faut voir les poltrons courir porter leurs armes à la Mairie.

Vendredi 22. — A 3 heures 30, un artilleur prussien du 2e régiment, évadé de Belfort, se rend à la Sous-Préfecture avec deux gendarmes pour s'engager. Il ne parle pas le français.

Après avoir reçu sa feuille de route, un habitant le conduit chez Caujac (1) ou, après l'avoir déshabillé on lui met un uniforme français. A 5 heures cet homme prend le train pour Besançon.

Samedi 23. — Les gendarmes français escortent quatre voitures de chassepots rendus, une voiture de pelles, de pioches et autre attirail provenant de la retraite de Bourbaki, qu'ils conduisent à la salle d'escrime du Château.

Depuis qu'on a prescrit de rendre les armes, certains habitants s'entendent pour tirer des coups de fusil ; toute la journée jusqu'à minuit, ce n'est qu'une pétarade dans tous les coins de la Ville. Ils se moquent des gendarmes.

Jeudi 28. — A 11 heures 30, arrivée d'une avant-garde d'artillerie.

A 1 heure 15, arrivée d'une avant-garde de dragons.

Vendredi 29. — A 1 heure 30, passage de deux escadrons de hulans se dirigeant sur Belfort.

A 2 heures 15, arrivée d'un escadron de dragons ; leurs voitures sont placées à l'Enclos. Des dragons occupent de suite le poste de la Place et mettent une sentinelle devant le corps de garde. A 2 heures 45, arrivée d'une batterie du 2° régiment d'artillerie ; les pièces sont parquées dans les prés de Sochaux. Les chevaux sont logés au Château et dans les écuries en Ville.

Tous ces Prussiens sont logés en Ville. Ils viennent tous de l'Isle-sur-le-Doubs.

A 5 heures 30, passage d'une arrière-garde de hulans.

Samedi 30. — A 7 heures, la batterie d'artillerie et l'escadron de hulans partent pour Belfort.

Il n'y a plus de Prussiens à Montbéliard.

(1) Le chiffonnier.

TABLE DES MATIÈRES

———

———

www.ingramcontent.com/pod-product-compliance
Lightning Source LLC
Chambersburg PA
CBHW071828090426
42737CB00012B/2209